CATALOGUE

DE LIVRES

ORNÉS DE SUITES DE VIGNETTES

ESTAMPES ANCIENNES

COMPOSANT

LE CABINET DE M. C***

ORDRE DES VACATIONS

PREMIÈRE VACATION : *Vendredi* 31 *mars* 1882.

Nᵒ 1 à 123.

DEUXIÈME VACATION : *Samedi* 1ᵉʳ avril.

Nᵒ 124 à 218.

ESTAMPES. . . . . 219 à 265

CONDITIONS DE LA VENTE

La vente se fait au comptant.

Les acquéreurs payeront cinq pour cent en sus des enchères, applicables aux frais.

Les réclamations devront être faites dans les vingt-quatre heures de l'adjudication. Ce délai passé ou une fois sortis de la salle de vente, les articles adjugés ne seront repris pour aucune cause.

M. ADOLPHE LABITTE, chargé de la vente, remplira les commissions des personnes qui ne pourraient y assister.

CATALOGUE

DE LIVRES

ORNÉS DE SUITES DE VIGNETTES

ESTAMPES ANCIENNES

COMPOSANT

LE CABINET DE M. C*** *Claramonte*

La vente aura lieu les Vendredi 31 Mars et Samedi
1er Avril 1882, à 2 heures

Hôtel des commissaires-priseurs, rue Drouot

Salle n° 3

Par le ministère de Me MAURICE **DELESTRE**, commissaire-priseur,
successeur de M. DELBERGUE-CORMONT,
rue Drouot, 27.

Exposition chaque jour de vente, de 1 à 2 heures.

PARIS

ADOLPHE LABITTE

Libraire de la Bibliothèque nationale

4, RUE DE LILLE, 4

CLÉMENT

Marchand d'estampes de la Bibliothèque
nationale

3, RUE DES SAINTS-PÈRES, 3

1882

CATALOGUE
DE LIVRES

ORNÉS DE SUITES DE VIGNETTES

ESTAMPES ANCIENNES

COMPOSANT

LE CABINET DE M. C*** *Charammonte*

La vente aura lieu les *Vendredi* 31 *Mars et Samedi*
1ᵉʳ *Avril 1882, à 2 heures*

Hôtel des commissaires-priseurs, rue Drouot
Salle nº 3

Par le ministère de Mᶜ Maurice **DELESTRE**, commissaire-priseur,
successeur de M. Delbergue-Cormont,
rue Drouot, 27.

Exposition chaque jour de vente, de 1 à 2 heures.

PARIS

ADOLPHE LABITTE
Libraire de la Bibliothèque nationale
4, RUE DE LILLE, 4

CLÉMENT
Marchand d'estampes de la Bibliothèque
nationale
3, RUE DES SAINTS-PÈRES, 3

1882

CATALOGUE
DE LIVRES

ORNÉS DE SUITES DE VIGNETTES

ESTAMPES ANCIENNES

COMPOSANT

LE CABINET DE M. C***

1. Alciatus. Clarissimi viri D. Andreæ Alciati Emblematum libellus, vigilanter recognitus, et ab ipso iam authore locupletatus. *Parisiis,* 1542. Pet. in-8, figures en bois à mi-pages, demi-rel. chagr. grenat.

2. Anacréon, Sapho, Bion et Moschus, traduction nouvelle en prose, suivie de la Veillée des Fêtes de Vénus et d'un choix de pièces de différens auteurs, par M. M*** C*** (Moutonnet-Clairfond). *A Paphos, et se trouve à Paris, chez Le Boucher,* 1773. In-8, frontispice, vignettes et culs-de-lampe, par Eisen, gravés par Massard, mar. blanc, dos orné, comp. de mar. bleu sur les plats et large dent. doublé de mar. bleu, parsemé de marguerites, tr. dor.

   Bel exemplaire du *premier tirage.*

3. Aretino (P.). Capricciosi e piacevoli Ragionamenti di Pietro Aretino, concerte postille, che spianano e dichiarano evidentemente i luoghi e le parole più oscure e più difficili dell' opera. — La Puttana errante, overo dialogo di Madalena e Giulia. *Cosmopoli (Amsterdam), Elzevier,* 1660. 2 parties en un vol. pet. in-8, v. brun. comp. à froid, tr. dor.

   Édition la plus belle et la plus recherchée de ce recueil.
   Première édition sous cette date (V. Brunet).

4. Aretino (P.). Dubbj Amorosi, altri Dubbj e sonetti lus-

suriosi di Pietro Aretino. *In Parigi, appresso Giacomo Girouard.* In-12 de 72 pages, papier de Hollande, v. olive, dent. tr. dor.

Réimpression de l'édition faite à Paris, chez Grangé, vers 1757, aux dépens de Corbie, intendant du duc de Choiseul.

5. ARETINO (P.). La prima (et seconda) parte de' Ragionamenti di M. Pietro Aretino, cognominato il Flagello de' Principi, il veritiero e'l divino. *Stampata con buona Licenza (Toltami) nella nobil città di Bengodi...,* 1584. 2 parties. — Commento di ser Agresto da Ficarvolo sopra la prima ficata del padre Siceo. In-8 de 118 pages. — Ens. 3 part. en un vol. in-8, caract. ital. mar. grenat, dos orné, comp. sur les plats, mosaïq. de mar. vert, dent. int. tr. dor.

6. La terza et ultima parte de' Ragionamenti del divino Pietro Aretino, ne la quale si contingono due ragionamenti cioè de la corti, et del giuoco, cosa morale e bella. *Apresso Gio. Andrea del Melagrano,* 1580. Pet. in-12, 3 feuillets prélim. 202 ff. chiffrés et à la fin 1 feuillet non chiffré, mar. rouge, dos orné, large dent. sur les plats, doublé de moire bleu, tr. dor. (*Bosquet.*)

Quelques petits raccommodages.

7. ARETINO (Pietro). Sonetti lussuriosi. *In Venezia,* 1779. In-8, cart.

Chaque sonnet, au nombre de 21, est imprimé séparément sur le recto de la page, le verso est blanc.

8. BEAUMARCHAIS. Eugénie, drame en cinq actes, en prose, enrichi de figures en taille-douce, avec un Essai sur le drame sérieux, par M. de Beaumarchais. *A Paris, chez Merlin,* 1767. In-8, figures de Grávelot, mar. rouge, dent. int. tr. dor. (*E. Bosquet.*)

ÉDITION ORIGINALE.

9. BEAUMARCHAIS. La Folle Journée, ou le Mariage de Figaro, comédie en cinq actes, en prose, par M. de Beaumarchais. *De l'imprimerie de la Société littéraire typographique, et se trouve à Paris, chez Ruault, libraire,* 1785. In-8, papier vélin, portrait et fig. mar. rouge, tr. supér. dor.

Bel exemplaire avec les figures de Saint-Quentin gravées par Malapeau (1), Halbou (2), Malapeau (3), Lingée (4), Liénard (5).
Celle du 3e acte est double et gravée par Liénard.
En tête du volume une lettre in-4 autographe signée de Beaumarchais (datée du 10 décembre 1770).

10. BÉRANGER. Œuvres complètes. Nouvelle édition, revue par l'auteur, illustrée de cinquante-deux belles gravures sur acier, entièrement inédites, d'après les dessins de MM. Charlet, A. De Lemud, Johannot, Daubigny, Pauquet, Jacques, etc. *Paris, Perrotin*, 1847, 2 vol. — Dernières Chansons de P.-J. de Béranger, de 1834 à 1851. *Paris, Perrotin*, 1857. — Œuvres de P.-J. Béranger. Tome V. Supplément. *Paris*, 1834. 1 vol. — Musique des Chansons de Béranger, airs notés anciens et modernes. *Paris, Garnier fr., s. d.* 1 vol. (avec les figures). — Ma Biographie, ouvrage posthume de P.-J. de Béranger. *Paris, Perrotin*, 1858. 1 vol. — Ens. 6 vol. in-8, portraits et figures, demi-rel. avec coins, mar. rouge, dos orné, fil. tr. dor.

Bel exemplaire de cette édition qui contient le premier tirage des figures de Lemud.

On y a ajouté :

1º La suite des vignettes lithographiées et coloriées de Henri Monnier ;

2º Les figures complémentaires de cette même suite ;

3º Les figures de Granville sur papier ; lettre blanche ombrée, de l'édition de Fournier, 1836 ;

4º La même suite de figures, sur chine volant ;

5º La suite des petites vignettes de Bellangé, Boilly, Charlet, Eug. Devéria, Granville, Grenier, Alfred et Tony Johannot, Eugène Lami, Scheffer, etc.

6º La suite complémentaire comprenant les sujets légers attribués à Tony Johannot.

Le volume de *Musique des chansons* contient les figures de Grandville, celui de *Ma Biographie* est illustré de portraits et de figures.

11. BERQUIN. Idylle. *S. l. n. d.* Gr. in-8 de 8 pages, texte gravé, 1 vignette et un cul-de-lampe par Marillier, gravés par Gaucher, cart.

L'Idylle est : *le Vieillard Lamon, Lysis et sa femme.*

12. BERQUIN. Idylles, par M. Berquin. *S. l. n. d.* 2 parties en un vol. in-18, figures, mar. bleu, dos orné, large dent. sur les plats, tr. dor.

Titre gravé et 23 jolies figures de Marillier, datées de 1773. (Épreuves avec les numéros.)

13. BERQUIN. Idylles et Romances, par M. Berquin. *A Paris, chez Fr. Dufart, an IVᵉ (1796).* 2 part. en un vol. in-18 de 128 pages, papier vélin, figures, demi-rel. bas. verte, tr. jasp.

19 jolies figures de Borel, datées de 1788, 1789 et 1790. Épreuves AVANT LES NUMÉROS.

14. BERQUIN. ROMANCES. 1 vol. — IDYLLES. 2 vol. *A Paris, chez Ruault,* 1776. — Ens. 3 vol. in-16, figures, v. éc. fil. tr. dor.

> Bel exemplaire. Le volume de romances contient 1 titre gravé et 6 figures de Marillier et 6 feuillets de musique gravée.
> Les deux volumes d'Idylles contiennent un titre gravé et 24 figures de Marillier, avec la date de 1773, 1774 et 1775.
> Ces deux ouvrages sont en papier de Hollande, les figures sont en premières épreuves (avant les numéros.)
> La reliure est uniforme.

15. BERQUIN. Romances, par M. Berquin. *A Paris, de l'imprimerie de Monsieur,* 1788. In-18, papier vélin, figures, mar. citr. dent. tr. dor. (*Reliure ancienne.*)

> Titre gravé et 10 jolies figures de Borel non signées. Épreuves AVANT LES NUMÉROS et 36 pages de musique gravée.

16. BIJOUX DES NEUF SŒURS (LES), avec de jolies gravures. *A Paris, chez Defer de Maisonneuve,* 1790. 2 vol. pet. in-12, figures, v. éc. fil. tr. dor.

> Très joli recueil de poésies diverses de Voltaire, Piron, Chaulieu, Gresset, Bernis, Boufflers, orné de jolies figures de Le Barbier, gravées par Gaucher.
> Ces figures sont *avant la lettre.*

17. BOCCACE. Contes et Nouvelles. Traduction libre, accommodée au goût de ce temps. Seconde édition. *A Cologne, chez J. Gaillard,* 1702. 2 vol. in-12, figures de Romain de Hooge à mi-page, v. brun.

18. Il Decamerone di M. Giovanni Boccaccio. *Londra (Paris),* 1757. 5 vol. in-8, frontispices, portrait, figures et culs-de-lampe par Gravelot, Boucher et Eisen, brochés.

19. BOCCACE. Il Decamerone de M. Giovanni Boccaccio. *Londra (Paris),* 1757. 5 vol. in-8, frontispices, portrait, figures et culs-de-lampe par Gravelot, Boucher et Eisen, mar. rouge, dos orné, dent. tr. dor.

20. Le Décaméron de Jean Boccace (traduction de Ant. Le Maçon). *Londres,* 1757. 5 vol. in-8, portrait, titres et figures de Gravelot, mar. bleu, dos orné, fil. dent. int. tr. dor. (*David.*)

> Bel exemplaire.

21. BOCCACE. Les Dix Journées de Jean Boccace, traduction de Le Maçon, réimprimée par les soins de D. Jouaust, avec notice, notes et glossaire par M. Paul Lacroix.

Onze eaux-fortes par Flameng. *Paris, Libr. des Bibliophiles*, 1873. 10 parties en 5 vol. in-8, figures, mar. rouge,
dos orné, fil. tr. sup. dor. n. rog.

> Les figures de cette édition sont en deux états, avec et *avant la lettre*.
> On a ajouté :
> 1° La suite des figures de Gravelot, Boucher, Eisen, de l'édition de
> 1757, avec les sujets légers.
> Tirage moderne.
> 2° Les mêmes figures tirées en rose (incomplet);
> 3° La même suite en noir, figures retournées;
> 4° Un certain nombre de figures isolées, parmi lesquelles celles d'Eisen,
> tirées des contes de la Fontaine, quelques gravures de Marillier et de
> Tony Johannot.

22. BOILEAU. SATIRES du sieur Despréaux-Boileau, avec la
Satire de ses Satires. *A Paris, chez Louis Billaine*, 1666.
In-12, mar. bleu, dos orné, fil. doublé de mar. rouge avec
comp. tr. dor.

> Contrefaçon de l'édition originale.
> Titre 1 feuillet, privilège 1 feuillet, 71 pages chiffrées renfermant les
> sept premières satires, et 12 pages chiffrées, de 73 à 84, contenant la
> Satire des satires de Boileau.
> Quelques petits raccommodages.

23. BOISARD. Fables. Seconde édition (*Paris*), 1777. 2 tomes
en 1 vol. v. rac.

> Figures de Monnet et de Saint-Aubin.

24. BOSSUET. Oraisons funèbres de Bossuet, Fléchier et autres orateurs, avec un discours préliminaire et des notices
par M. Dussault. *A Paris, chez S. Janet*, 1820-1826. 4 vol.
in-8, portraits et figures, demi-rel. avec coins, chagr. br.
fil. tr. supér. dor. éb.

25. BOSSUIT. Cabinet de l'art de sculpture, par le fameux
sculpteur Fr. Van Bossuit, exécuté en ivoire, ou ébauché
en terre, gravé d'après les dessins de Barent Graat, par
Mattys Pool. *A Amsterdam*, 1727. In-4, 103 planches gravées, demi-rel. bas.

26. BOURDON (G.). Le Parc au Cerf, ou l'Origine de l'affreux
Déficit, par un zélé Patriote (par G. Bourdon). *A Paris,
sur les débris de la Bastille*, 1790. In-8, frontispice, portraits de la duchesse de Châteauroux et de la marquise de
Pompadour, figure du banquier Peixotte, demi-rel. mar.
rouge, dos orné, fil. tr. peign.

27. BURY-PALLISER (Mme). Histoire de la Dentelle, traduite

par Mme la comtesse G^{on} de Clermont-Tonnerre. *Paris, Firm. Didot fr., s. d.* Gr. in-8, nombr. figures, chagr. vert, dos orné, fil. tr. supér. dor. éb.

28. CATANEO. I quattro primi libri di Architettura di Pietro Cataneo Senese. *In Vinegia, in casa de' figliuoli di Aldo,* 1554. In-fol. figures en bois, parch. antiq.

29. CATHARINA DI SIENA. Epistole devotissime de Sancta Catharina da Siena. (In fine :) *Venetia, in casa de Aldo Manutio Romano, a di* xv *septembris* m.ccccc (1500). In-fol. relié en bois recouvert en peau de truie, avec des comp. à froid. (*Reliure moderne.*)

Belle édition en lettres rondes.

30. CATULLUS, Tibullus, Propertius. *Venetiis, in ædibus Aldi, mense Januario,* 1502. In-8, car. italiq. mar. bleu, tr. dor. (Marque des Alde sur les plats de la reliure.)

31. — Même ouvrage, même édition. In-12, v. brun, comp. à froid, avec la marque des Alde poussée en or, tr. dor.

32. CAZOTTE. Ollivier, poëme. *À Paris, de l'impr. de Pierre Didot l'aîné,* 1798. 2 vol. in-18, papier fin, figures de Lefebvre, gravées par Godefroy, demi-rel. avec coins, mar. rouge, tr. sup. dor. éb.

33. CERVANTES. Le Don Quichotte traduit de l'espagnol par M. Bouchon-Dubourniel. Nouvelle édition, revue, corrigée, ornée de 12 douze gravures et de la carte du voyage. *Paris, Méquignon-Marvis,* 1822. 4 vol. in-8, portraits et figures, maroq. bleu, dos orné, dent. tr. supér. dor. non rog.

On a ajouté à cet exemplaire :

1° La suite in-12 des figures de Coypel, pour l'édition d'Amsterdam, 1768;

2° La suite in-18 de Lefèvre, gravée par Masquelier, Halbou, etc. *Épreuves avant la lettre;*

3° La suite in-8 des figures de Ant. Carnicero, gravée à Madrid en 1781 (découpée et remontée ;)

4° La suite in-8 de Smirke, avec les fleurons, publiée à Londres en 1817 chez Cadel et Davies;

5° La suite anglaise in-8 des figures de Cruikshank (découpée et remontée);

6° La suite in-12 des figures de Westall (découpée et remontée);

7° Les figures in-8 gravées d'après les dessins de Stothard;

8° Les figures in-8 gravées par Colin et Lignon, d'après H. Vernet et Eug. Lami, publiées par Furne;

9° Les mêmes figures, épreuves *avant la lettre;*

10° Environ 15 portraits de l'auteur répartis en tête de ces volumes.

34. CERVANTES. L'Ingénieux Hidalgo Don Quichotte de la Manche, par Miguel de Cervantes Saavedra, traduction de Louis Viardot, avec 370 compositions de Gustave Doré, gravées sur bois par H. Pisan. *Paris, L. Hachette,* 1869. 2 tomes en 4 vol. in-4, papier vélin, portraits et figures, mar. rouge, dos orné, tr. supér. dor. n. rog.

On a ajouté à cet exemplaire :

1° Les figures in-4 gravées en 1723 par G. Van der Gucht, d'après les dessins de Vanderbranck.

2° Les figures de Boucher, Cochin, Coypel, Lebas, Picart et Tresmolière de l'édition de La Haye, 1746.

3° Une suite espagnole gr. in-4 obl. publiée par Chereau;

4° Suite de Joseph del Castillo, imprimée en couleur par Langlois;

5° Suite de figures in-8 gravées par Duflos, d'après Limeno-Navarro, Raph. Ximeno;

6° La même suite, figures *avant la lettre* et avec marges;

7° Suite de figures in-12 gravées d'après les dessins de Novelli;

8° Da jolie suite in-18 de Lefèvre, figures *avant la lettre*;

9° Suite des figures in-8 avec les fleurons d'après les dessins de Smirke, publiée à Londres, en 1817, chez Cadel et Davies. *Épreuves sur chine.* Marges;

10° Figures in-8, d'après Devéria;

11° Figures in-18, d'après Charlet;

12° Environ 20 portraits de l'auteur et frontispices répartis en tête de ces quatre volumes.

Cet exemplaire est entièrement monté sur onglets, les suites in-8 ou in-18 sont toutes remontées.

35. CERVANTÈS. Nouvelles espagnoles de Michel de Cervantes, traduction nouvelle, avec des notes, ornée de douze belles figures, par M. Lefèbvre de Villebrune. *A Paris, chez Defer de Maisonneuve,* 1788. 2 vol. in-8, cart. tr. marbr.

Figures de Desrais.

36. CERVANTES. Don Quichotte, suite de 31 estampes par C. Coypel, Tresmolier, J.-P. Lebas, Cochin, gravées par Ravenet, Surugue, Aveline, etc. *Paris,* 1724. Gr. in-4, demi-rel. avec coins, chagr. rouge, dos orné, fil. tr. sup. dor.

Cette suite est montée sur onglets. Elle est inégale de marges, quelques estampes sont doublées.

37. CERVANTES. 33 figures gr. in-8, par Fr. Bouttats, pour *Don Quichotte.*

Suite espagnole ancienne, remontée.

38. CERVANTES. 20 figures in-8, par Ant. Carnicero, pour *Don Quichotte.*

Jolie suite ancienne espagnole. Marges.

39. CERVANTES. 16 vignettes in-18, par F. Courtin, pour Don Quichotte.

Jolies figures remontées gr. in-8, *épreuves avant la lettre*.

40. CHARRON. De la Sagesse, trois livres. *A Leide, chez les Elzeviers,* 1646. In-12, titre gravé, cuir de Russie quadr. tr. dor. (*Bozérian jeune.*)

Haut. : 126 mill.

41. (Chaussard, J.-B.-P.) Fêtes et courtisanes de la Grèce, supplément aux Voyages d'Anacharsis et d'Anténor, quatrième édition. *Paris,* 1821. 4 vol. in-8, figures par Garnerey, v. vert, dent. à froid, tr. marbr. (*Simier.*)

42. (CHODERLOS DE LACLOS.) Les Liaisons dangereuses, ou Lettres recueillies dans une Société et publiées pour l'instruction de quelques autres, par C*** de L***. *Genève,* 1792. 4 tomes en 2 vol. in-18, figures, demi-rel. avec coins mar. vert, fil. tr. supér. dor. éb.

Édition ornée de 8 jolies figures de Le Barbier.

43. COLARDEAU. Œuvres. *Paris, Ballard et Le Jay,* 1779. 2 vol. in-8, portrait et figures de Monnet, veau éc. filets, tr. marbr.

44. COLLÉ. La Partie de chasse de Henri IV, comédie en trois actes et en prose, avec 4 estampes en taille-douce d'après les dessins de M. Gravelot. *A Paris, chez la veuve Duchesne et Gueffier,* 1766. In-8, figures, demi-rel. avec coins, mar. bleu, dos orné, fil.

Exemplaire non rogné; les quatre figures, très jolies, sont gravées par Duclos, Rousseau et Simonet.

45. CRANACH (L.). Jésus-Christ, les douze apôtres et saint Paul. 14 pièces in-fol. remontées sur bristol.

Jolies figures en bois de l'époque d'Albert Dürer (1510).

46. DANTE. Le Terze Rime di Dante. — L'Inferno e'l Purgatorio e'l Paradiso di Dante Alighieri. *Venetiis, in ædib. Aldi,* 1502. Petit in-8, caractères italiq. v. brun, comp. à froid, avec la marque des Alde en or sur les plats, tr. dor.

47. DANTE. L'Inferno e'l Purgatorio e'l Paradiso di Dante Alighieri. *Impresso in Vinegia nelle case d'Aldo et d'An-*

drea di Asola suo suocero nell' anno 1515. Pet. in-8, car. italiq. figures en bois, v. br. antiq.

48. DANTE. La Divina Comedia di Dante Alighieri. *Parma, nel Regal Palazzo (Bodoni)*, 1796. 3 vol. in-4, papier de Hollande, demi-rel, avec coins cuir de Russie, n. rog.

49. DÉMOSTHÈNE. Cinque orationi di Demosthéne et una di Eschine tradotte di Lingua Greca in Italiana. *Venetia, in casa de' figliuoli di Aldo*, 1557. In-8 de 255 ff. dont un pour l'encre, mar. rouge, fil. tr. dor. (*Ancienne reliure.*)

Volume devenu rare.

50. DERMOTT (Edw. M.). The merry Days of England, sketches of the olden time illustrated with twenty engravings, from drawings by Joseph Nash, George Thomas, Birket Foster and Edward Corbould. *London, William Kent*, 1859. In-4, figures, br.

51. DESCAMPS (J.-B.). La Vie des peintres flamands, allemands et hollandais, avec des portraits gravés en taille-douce. *A Paris, chez Ch.-Ant. Jombert*, 1753-1763. 4 vol. in-8, frontispice et portraits, cart.

52. DESCAMPS. Voyage pittoresque de la Flandre et du Brabant avec des réflexions relativement aux arts et quelques gravures, par M. J.-B. Descamps. *Paris, Desaint et Saillant*, 1769. In-8, 5 figures et une carte pliée, cart.

Supplément à la *Vie des peintres flamands*, 4 vol. in-8.

53. (DIONIS DU SÉJOUR). Origine des Grâces, par Mˡˡᵉ D***. *A Paris*, 1777. In-8, frontispice et figures, mar. rouge, dos orné, fil. doublé de mar. bleu, avec comp. dorés.

Six jolies figures dessinées par Cochin et gravées par Aliamet, de Launay, Masquelier, Née, Simonet, et Aug. de Saint-Aubin.

54. DORAT. La Déclamation théâtrale, 4ᵉ édition. *Paris, Delalain*, 1771. — Lettres d'une chanoinesse de Lisbonne à Melcour, officier français. *A la Haye, et se trouve à Paris*, 1771. — Les Victimes de l'amour, ou Lettres de quelques amans célèbres. *Paris*, 1776. — Recueil de contes et de poèmes. *Paris*, 1776. — Théâtre. *Paris*, 1773. 3 vol. — Ens. 7 vol. in-8, v. éc. fil. tr. dor.

Ces ouvrages sont illustrés par Eisen et Marillier.

55. DORAT. Fables nouvelles. *A la Haye, et se trouve à Paris,*

chez Delalain, 1773. 2 tomes en un vol. in-8, illustrations de Marillier, chagr. rouge, tr. dor.

56. DORAT. LES BAISERS, précédés du Mois de Mai, poème. *A la Haye, et se trouve à Paris, chez Lambert, imprimeur, et Delalain*, 1770. Gr. in-8, figuré, vignetttes et culs-de-lampe par Eisen et Marillier, mar. rouge, des orné, fil. tr. dor. (*Reliure ancienne.*)

> Bel exemplaire en GRAND PAPIER, titre rouge et noir, belles épreuves des figures.
> Hauteur : 216 millim.

57. DORAT. Les Tourterelles de Zelmis (par Dorat). (*Paris*, 1766). In-8. — Le Pot pourri, épître à qui on voudra (par le marquis de Pezay). *Genève et Paris*, 1764. In-8. — Lettre de Barnevelt dans sa prison, à Truman son ami (par Dorat). *Paris*, 1766. In-8. — Lettre d'Ovide à Julie (par Dorat), 1767. In-8. — Lettre du comte de Comminge à sa mère (par Dorat), *Paris*, 1765. In-8. Ens. 5 plaq. cart. toile.

> Ces 5 ouvrages sont illustrés de figures, vignettes et culs-de-lampe par Eisen.

58. DUCLOS. Les Confessions du comte ***, par M. Duclos, de l'Académie française ; huitième édition, ornée de belles gravures par les meilleurs maîtres et augmentée de la Vie de l'auteur. *Londres et Paris, chez Costard*, 1776. 2 parties en un vol. gr. in-8, figures de Desrais, mar. bleu foncé, dos orné, dent. tr. dor.

> Jolies illustrations, rares. A la suite se trouve relié : « Lettre de Dulis à son ami, par M. Mercier. Nouvelle édition. *A Londres et Paris, chez Le Jay*, 1776. In-8, figure, vignette par Moreau, et cul-de-lampe. »

59. (DUCLOS.) Les Confessions du comte de ***, écrites par lui-même à un ami, sixième édition. *A Amsterdam, et se trouve à Paris, chez Nyon l'aîné*, 1783. In-8, figures de Desrais, demi-rel. bas.

60. (DULAURENS). La Chandelle d'Arras, poème en XVIII chants, nouvelle édition, précédée d'une Notice sur la vie et les ouvrages de l'auteur, et ornée de 19 planches. *Paris, Égasse fr.* 1807. In-8, figures, demi-rel. cuir de Russie, fil. tr. supér. dor. éb.

> Exemplaire en papier vélin avec les figures de Desrais.

61. Durer. Albertus Durerus Nurembergensis pictor huius
ætatis celeberrimus versus e germanica lingua in latinam,
Pictoribus, Fabris ærariis ac lignariis, Lapicidis, Statua-
riis et universis demum qui circino, gnomone, libella aut
alioqui certa mensura opera sua examinant prope ne-
cessarius : adeo exacte. Quatuor his suarū institutionum
geometricarum libris lineas, superficies et solida corpora
tractauit, adhibitis designationibus ad eam rem accommo-
datissimis. *Lutetiæ, apud Ch. Wechelum,* 1532. In-fol.
figures, parch. antiq.

62. Durer. Della Simetria de i corpi humani libri quatro
nuovamente tradotti della lingua latina nella italiana da
Giov. Paolo Gallucci, ed accresciuti del quinto libro che
tratta dell' espressione degli affetti dell' animo, composto
dal traduttore. *In Venetia,* 1591. In-fol. figures, parch.

63. Durer. Epitome in divæ Parthenices Mariæ historiam ab
Alberto Durero Norico per figuras digestam cum versibus
annexis Chelidonii (1511). In-fol. v. brun, large dent. tr.
dor.

> Suite de vingt estampes en bois, avec marges, remontées sur bristol.
> Les planches sont sans texte au verso, excepté le titre.

64. Durer (Albert), 1471-1528. Passion de Jésus-Christ, suite
de seize estampes. Reproduction par la phototypie, pro-
cédé Woodbury. *Bruxelles,* 1871. In-4, cart. planches montées sur onglets.

65. (Du Rosoi.) Les Sens, poème en six chants. *A Londres
(Paris),* 1766. In-8, 7 figures, dont 4 d'Eisen et 3 de Wille
et 2 culs-de-lampe, mar. rouge, dos orné et mosaïqué de
mar. vert, doublé de mar. bleu, semé de marguerites, gar-
des en moire blanche, tr. dor.

66. Érasme. L'Éloge de la Folie, traduit du latin d'Érasme
par M. Gueudeville ; nouvelle édition, revue et corrigée
sur le texte de l'édition de Basle, ornée de nouvelles figures. *S. l. (Paris),* 1751. In-4, frontispice, figures et vignettes par Eisen, mar. rouge, dos orné, fil. tr. dor. (*Reliure ancienne.*)

> Bel exemplaire.

67. Fénelon. Explication des Maximes des saints sur la vie

intérieure, par messire François de Salignac-Fénelon. *A Paris, chez Pierre Aubouin, Pierre Émery et Ch. Clousier,* 1697. In-12, mar. bleu, dos orné, fil. doublé de mar. bleu, avec comp. tr. dor.

ÉDITION ORIGINALE.

68. FÉNELON. Les Avantures de Télémaque, nouvelle édition, conforme au manuscrit original, avec des notes pour servir d'éclaircissements à la fable, le tout enrichi de planches et de vignettes qui ont rapport au sujet. *A Leide et Amsterdam,* 1761. 1 tome en 3 vol. gr. in-4, frontispice, figures et culs-de-lampe par Debrie, Dubourg et Picart, mar. grenat, tr. supér. dor. n. rog.

TRÈS-BEL EXEMPLAIRE auquel on a ajouté outre les figures de l'édition :
1. La suite in-4 de Monnet gravée par Tilliard; avec le texte des sommaires des chants gravés et ornés de culs-de-lampe.
2. La suite in-4 de Moitte, gravée au lavis par Pariset.
3. Les figures in-8 de Cochin, pour l'édition de 1784.
4. La suite in-8 des figures de Marillier.
5. La même suite. *Superbes épreuves avant la lettre.*
6. La suite in-8 des figures de Manceau.
7. La suite in-18 de Queverdo.
8. La suite in-18 de Lefèvre.
9. La suite in-18 des figures de Moreau le jeune, publiée par Renouard.
10. Les vignettes gravées à l'eau-forte par V. Foulquier.
    Tirage à part sur chine :
11. 32 portraits de Fénelon, anciens et modernes, gravés par divers artistes et répartis en tête de ces 3 volumes.
Cet exemplaire est complètement monté sur onglets.

69. Fontenelle. Œuvres diverses de M. de Fontenelle, de l'Académie françoise, nouvelle édition, augmentée et enrichie de figures gravées par Bernard Picart le Romain. *La Haye, Gosse et Neaulme,* 1728-1729. 3 vol. in-fol. texte encadré, portrait de Fontenelle, frontispices et figures, vignettes et culs-de-lampe, demi-rel. avec coins mar. rouge, dos orné, tr. supér. dor. éb.

Bel exemplaire orné de superbes illustrations.

70. Fréron et Colbert (duc d'Estouteville). Adonis, poème. *Londres, et se trouve à Paris, chez Musier fils,* 1775. Gr. in-8, titre gravé, figure, vignette et cul-de-lampe par Eisen, mar. rouge, dos orné, fil. tr. supér. dor.

71. Gaza (Theodorus). Theodori introductivæ grammatices libri quatuor, ejusdem de mensibus opusculum, Apollonii grammatici de constructione libri quatuor; Herodianus de numeris (græce). *Impressum Venetiis in ædibus Aldi Romani*

octavo calendas Januarias, 1495. Pet. in-fol. v. f. antiq.

> Première édition de ce recueil.

72. GESSNER. Œuvres complètes. *S. l. n. d.* 3 vol. in-18, portrait, titres gravés et figures, v. éc. fil. tr. dor.

> Jolie édition Cazin, avec les figures de Marillier.

73. GESSNER. Œuvres de Salomon Gessner. *A Paris, chez l'auteur des estampes, s. d.* (1786). 3 vol. in-4, titres gravés, frontispice, figures, vignettes et culs-de-lampe par Le Barbier, mar. rouge, dos orné, fil. dent. int. tr. supér. dor. éb.

> Superbe exemplaire en GRAND PAPIER tiré in-folio, rare.
> Les figures sont avec la lettre.

74. GESSNER. Œuvres. *A Paris, chez Ant.-Aug. Renouard (de l'imprimerie de Crapelet), an VII* (1799). 4 vol. in-8, portraits et figures de Moreau, mar. rouge, dos orné, comp. tr. dor. (*Bradel.*)

> Bel exemplaire, en PAPIER VÉLIN, avec les figures en 2 états, avec et *avant la lettre.*

74 *bis.* Même ouvrage, même édition. 4 vol. in-8, v. f. dos orné, fil. tr. marbr.

> Les figures de Moreau sont aussi en deux états dans cet exemplaire ; avec et *avant la lettre.*

75. GESSNER. Mort d'Abel, poème de Gessner, traduit par Hubert. *Paris, chez Defer de Maisonneuve,* 1793. In-4, figures, mar. rouge, dos orné, dent. int. tr. supér. dor. ébarbé.

> Édition ornée d'estampes imprimées en couleur, d'après les dessins de M. Monsiau.
> On a ajouté à cet exemplaire :
> 1. Portrait de Gessner gravé par Saint-Aubin d'après Denon ; celui de Hubert gravé par Tardieu d'après Graff.
> 2. Les figures in-4, de Le Barbier gravées en 1792 par Halbou, Baquoy, etc.
> 3. Les jolies figures in-18 de Moreau le jeune gravées par Delvaux, de Ghendt, Dambrun, etc. Cette suite est remontée.
> 4. 3 estampes gr. in-4 lithographiées d'après les tableaux de Flatters.
> 5. Une pièce détachée : *la Mort d'Abel* d'après Prudhon, publiée par Furne, épreuve sur chine *avant la lettre.*

76. GESSNER. X paysages, dédiés à M. Watelet, auteur du poème sur l'Art de peindre, par son ami S. Gessner.

> 10 planches gravées à l'eau-forte par S. Gessner, datées de 1764. Marges.

77. Gessner. Suite complète de 3 portraits et 48 figures, e
Moreau, gravée par Baquoy, Dambrun, Dupréel, de
Ghendt, Girardet, Lemire, Petit-Simonet et Trière. (*Pour
l'édition des OEuvres de Gessner, de Renouard,* 1790. 4 vol.
in-8), in-4, mar. rouge, dos orné, fil. doublé de mar. bleu,
avec compart. tr. dor.

Jolie suite *avant la lettre,* remontée in-4.

78. Gévaert (Fr.-Aug.). Histoire et Théorie de la musique
de l'antiquité. *Gand, Annoot-Braeckman,* 1875-1881. 2
vol. gr. in-8, papier vélin, broché.

79. Godturuchtige almanach, of lof-Gedachtenis der Heyli-
gen, op yder dag van't Jaar. *S. l. n. d.* 2 vol. pet. in-4,
figures, bas.

Petites vignettes gravées en rond, et contenant un saint pour tous les
jours de l'année.
Le titre du tome Ier manque, celui du tome IIe est raccommodé.

80. Goncourt (de). L'Art du xviiie siècle, par Edm. et Jules
de Goncourt. *Paris, E. Dentu,* 1875. In-4, papier vergé
nombreux portraits et figures gravées, mar. rouge, dos
orné, compart. dent. int. tr. supér. dor. éb.

Cet exemplaire complet se compose de : 1. Watteau, 2. Chardin, 3.
Boucher, 4. Latour, 5. Greuze, 6. Les Saint-Aubin, 7. Gravelot et Cochin,
8. Eisen, Moreau, 9. Debucourt, 10. Fragonard, 11. Prudhon, 12. Notu-
les, additions, errata.

81. Graffigny (Mme de). Lettres d'une Péruvienne, traduites
du français en italien par M. Deodati (avec le texte en regard). *A Paris, de l'imprimerie de Migneret,* 1797. Gr.
in-8, portrait et figures de Le Barbier, v. rac. dent. tr.
marbr.

82. Grasset de Saint-Sauveur. Le Sérail, ou Histoire des
intrigues secrètes et amoureuses des femmes du Grand
Seigneur; édition ornée de huit gravures. *A Paris, chez
Deroy,* 1796 (an IV). 2 tomes en un vol. in-18, figures,
mar. bleu, dos orné, dent. tr. supér. dor. éb.

8 jolies figures à l'aqua-tinta.

83. Gravelot et Cochin. Iconologie par figures, ou Traité
complet des allégories, emblèmes, etc., ouvrage utile aux
artistes, aux amateurs et pouvant servir à l'éducation des
jeunes personnes. *A Paris, chez Le Pan, s. d.* 4 vol. in-8,

portraits de Gravelot et Cochin, titres et figures gravés,
mar. bleu, dos orné, fil. tr. supér. dor.

*Un grand nombre de figures dans le tome Ier et dans le tome IIe sont
remontées et découpées au cadre.*

84. **GRESSET.** Œuvres. *A Paris, chez Ant.-Aug. Renouard.*
2 vol. in-8, portrait et figures. — Le Parrain magnifique,
poëme en dix chants, ouvrage posthume de Gresset. *A
Paris, chez Ant.-Aug. Renouard, 1810.* In-8, figures. Ens.
3 parties en 2 vol. in-8, papier vélin, mar. rouge, dos orné,
fil. tr. dor.

*Très bel exemplaire. Les 8 jolies figures de Moreau sont avant la
lettre.*

85. Gresset. Œuvres. *Paris, A.-Ant. Renouard, 1811.* 2 vol.
in-8, figures, mar. rouge, dos orné, dent. tr. supér.
dor. éb.

*Très bel exemplaire. Le Parrain magnifique se trouve à la fin du
deuxième volume.*
Figures de Moreau.

86. Même ouvrage, même édition. 2 vol. in-8, figures de
Moreau, v. rac. fil. tr. marbr.

87. (Joannis) Guigard. Armorial du bibliophile, avec illustrations dans le texte. *Paris, Bachelin-Deflorenne, 1870-
1873.* 2 parties en un vol. gr. in-8, figures, demi-rel. avec
coins, mar. rouge, fil. tr. supér. dor.

88. Hamilton. Mémoires du comte de Grammont; édition
ornée de 72 portraits gravés d'après les tableaux originaux. *A Londres, chez Edwards, s. d. (1792).* In-4, portraits, mar. rouge, dos orné, fil. dent. int. tr. dor.
(*R. Petit.*)

*Bel exemplaire contenant les notes et éclaircissements (77 pages) qui
manquent souvent.*

89. Hancarville. Monumens de la vie privée des douze Césars, gravés d'après une suite de pierres et médailles. *A
Rome, 1785.* — Monumens du culte secret des dames ro-
maines; pour servir de suite aux « Monumens de la vie
privée des douze Césars ». *A Rome, 1787.* Ens. 2 vol. in-4,
brochés.

Édition rare, entièrement gravée.
Très bel exemplaire.

90. Héloïse et Abeilard. Lettres, en latin et en français (de

la traduction de Gervaise, précédée de la vie d'Abeilard par M. de l'Aulnaye). *Paris, J.-B. Fournier le Jeune (de l'imprimerie de Didot le jeune), l'an quatrième* (1796). 3 vol. in-4, papier vélin, figures, demi-rel. avec coins, mar. rouge, tr. supér. dor. éb.

Édition ornée de huit figures de Moreau gravées par Dambrun, Devaux, Halbou, Lemire, etc.

En regard de ces gravures on a placé les mêmes figures, *épreuves en divers états*, dont voici la description :

La 1re est avec la lettre.

La 2e, la Castration, est *avant la lettre.*

La 3e, Héloïse prend le voile *est avant la lettre.*

La 4e est *avant la lettre.*

La 5e, *la Réception d'Héloïse au Paraclet* est à l'état d'EAU-FORTE.

La 6e est avec la lettre.

La 7e est avec la lettre.

Et la 8e, la Mort d'Héloïse, est *avant la lettre.*

Les avant la lettre et l'eau-forte de ces figures ajoutées sont découpées au cadre et remontées.

91. HER GROTE TAFEREEL der dwaasheid (Grand Tableau de la folie); cause de la naissance du progrès et de la chute des actions et du commerce aventureux mis en pratique en 1720, en France, en Angleterre et dans les Pays-Bas... *S. l. (Hollande)*, 1720. In-fol. texte hollandais, planches gravées, demi-rel. bas. n. rog.

Trois curieuses caricatures concernant toutes les opérations financières de Law.

92. HIERONYMUS (S.). Liber vitas Patrum sancti Hieronymi... s'm alphabeti ordinem bene registratus. (In fine :) *Impressus per Johannem Zainer in opido Ulm (circa 1474).* Pet. in-fol. goth. de 375 ff. non chiffrés pour la table, relié en bois, recouvert en parch.

93. HISTOIRES ou Contes du temps passé, avec des moralités; nouvelle édition, augmentée d'une nouvelle et d'une fable. *A la Haye, et se trouve à Liège, chez Bassompierre,* 1777. Pet. in-8, frontispice encadré et 9 vignettes à mi-page, mar. bleu, dos orné, fil. dent. int. tr. dor. (*Chambolle-Duru.*)

Ces vignettes sont la reproduction de celles de Fokke; la dernière seule est nouvelle.

94. HOMERI Ilias, gr. (edente Aloysio Lamberti). *Parmæ, typis Bodonianis,* 1808. 3 vol. gr. in-fol. papier vélin, cart. n. rog.

Cette édition, chef-d'œuvre de typographie, est dédiée à l'empereur Napoléon par une épître imprimée en italien, en français et en latin.

95. Horatius. Quinti Horatii Flacci Opera. *Londini, æneis tabulis incidit Johannes Pine,* 1733-1737. 2 vol. in-8, texte gravé, fleurons, frontispices, figures, vignettes et culs-de-lampe, mar. rouge, tr. dor. (*Ancienne reliure anglaise.*)

Exemplaire de second tirage.

96. (Hurtado de Mendoza.) Vie et Avantures de Lazarille de Tormes, traduction nouvelle sur le véritable original espagnol; nouvelle édition, revue, corrigée et enrichie d'un plus grand nombre de figures. *A Bruxelles, chez G. de Backer,* 1714. 2 tomes en un vol. in-12, portrait et figures par Harrewyn, demi-rel. mar. rouge.

97. (Hurtado de Mendoza.) Aventures et espiègleries de Lazarille de Tormes, écrites par lui-même; nouvelle édition, ornée de quarante figures dessinées et gravées par N. Ransonnette. *A Paris, de l'imprimerie de Didot jeune,* an IX (1801). 2 vol. in-8, figures, v. rac. tr. marbr.

98. Imbert. Historiettes ou Nouvelles en vers, par M. Imbert; seconde édition, revue, corrigée et augmentée par l'auteur. *A Amsterdam, et se trouve à Paris, chez Delalain,* 1774. In-8, titre-figure et 4 vignettes par Moreau, mar. rouge, tr. supér. dor. n. rog.

99. (L')Imitation de Jésus-Christ, traduite et paraphrasée en vers françois par P. Corneille. *Imprimé à Rouen par L. Maury pour Robert Ballard,* 1656. In-4, frontispice gravé et figures de Chauveau, mar. rouge, dos orné, large dent. sur les plats et int. doublé de moire cerise, tr. supér. dor. (*Lortic.*)

Bel exemplaire de cette première édition des quatre livres réunis.
En tête est ajouté un portrait de P. Corneille gravé par E. Ficquet d'après C. Le Brun. Epreuve remontée.

100. Imitatio. De Imitatione Christi libri quatuor. *Parmæ, in ædibus Palatinis (typis Bodonianis),* 1793. In-fol. papier vélin, cart. n. rog.

101. (Le) Joujou des demoiselles, avec de nouvelles gravures. *S. l. n. d. (Paris,* 1752), Pet. in-4, 53 feuillets de texte gravés avec vignettes à mi-page, non signées, mar. rouge, dos orné, fil. tr. supér. dor. n. rog.

Ces feuillets sont numérotés; ils contiennent un ou deux petits contes en vers ou épigrammes. Les vignettes semblent être d'Eisen et se rapportent au texte.

C.   2

102. (Le) Jouvou des demoiselles, avec de nouvelles gravures. *S. l. n. d. (Paris, 1752).* In-4, 50 feuillets de texte gravés avec vignettes à mi-page non signées, mar. bleu, fil. dent. int. tr. supér. dor. éb.

Les deux derniers feuillets sont remmargés.

103. Krul. Pampiere Wereld ofte Wereldsche Oeffeninge. *Amst.,* 1681. In-4, nombr. figures gravées à mi-page, vélin.

Figure de Rembrandt à la page 11.
Très belle épreuve.

104. LA BORDE (de). Choix de chansons mises en musique par M. de La Borde, ornées d'estampes par J.-M. Moreau (Lebarbier et A. Quentin). *Paris, de Lormel,* 1773. 4 tomes en 2 vol. in-8, portrait de l'auteur et figures, mar. rouge, dos orné, large dent. sur les plats et dent. int. doublé de moire cerise, tr. dor. (*Chambolle-Duru.*)

Exemplaire court de marges. Portrait à la Lyre par Masquelier d'après Denon, et portrait de l'auteur gravé en médaillon par Moreau.
Cet exemplaire est complètement monté sur onglets.

105. La Fontaine. Les Amours de Psyché et de Cupidon, avec le poëme d'Adonis; édition ornée de figures dessinees par Moreau le jeune et gravées sous sa direction. *A Paris, de l'imprimerie de Didot le jeune, l'an troisième.* In-4, papier vélin, figures, mar. rouge, dent. int. tr. supér. dor. n. rog.

On a ajouté à cet exemplaire : suite de figures anciennes in-4 obl. signées Ant. Sal. exc., les 5 figures de Gérard en 2 états, avec et *avant la lettre* et diverses pièces isolées, parmi lesquelles *le Passage du torrent* gravé par Heina d'après Moreau, tirée des Fables.
Exemplaire complètement monté sur onglets.

106. La Fontaine. Contes et Nouvelles en vers. *A Amsterdam,* 1764, 2 vol. in-8, portrait et figures, demi-rel. avec coins, mar. rouge, dos orné, fil. ébarbés.

Contrefaçon de l'édition des *Fermiers généraux;* elle reproduit les culs-de-lampe, les figures d'Eisen sont retournées.

107. La Fontaine. Contes et Nouvelles en vers. *Londres (Paris, Cazin),* 1780. 2 vol. in-18, portrait de la Fontaine et figures par Desrais, mar. bleu, dos orné, fil. tr. dor.

108. LA FONTAINE. Contes et Nouvelles en vers. *A Paris, de l'imprimerie de P. Didot l'aîné,* 1794. 2 vol. in-4,

figures, demi-rel. avec coins, mar. rouge, dos orné, tr. supér. dor. éb.

Bel exemplaire contenant 19 figures de Fragonard, Mallet et Touzé.

Il manque celle de : *la Fiancée du roi de Garbe*.

On a ajouté 27 planches doubles AVANT LES NUMÉROS. En voici la description :

1. Joconde, 1er sujet : *le Lit*.
2. Joconde, 2° sujet : *le Pardon*.
3. Le Cocu battu et content.
4. Le Mari confesseur.
5. Le Savetier.
6. Le Paysan qui avait offensé son seigneur.
7. La Gageure, 1er sujet.
8. La Gageure, 2e sujet : *le Poirier*.
9. La Gageure, 3° sujet : *le Fil*.
10. Le Calendrier des vieillards.
11. A femme avare.
12. On ne s'avise jamais de tout.
13. Le Gascon puni.
14. La Fiancée du roi de Garbe, 1er sujet.
15. La Fiancée du roi de Garbe, 2e sujet.
16. La Fiancée du roi de Garbe, 3e sujet.
17. La Coupe enchantée.
18. Le Faucon.
19. Le Pâté d'anguille.
20. Le Magnifique.
21. La Matrone d'Ephèse.
22. Belphégor.
23. Belphégor, 2° sujet : *la Clochette*.
24. Le Glouton.
25. Le Juge de Merle.
26. Le Baiser rendu.

La 27° planche, le Fleuve Scamandre, se trouve dans le tome II°, page 267.

On a encore ajouté dans cet exemplaire 3 planches à l'état d'EAU-FORTE pour : 1° *le Cocu battu et content;* 2° *On ne s'avise jamais de tout* (cette planche est découpée et remontée); et 3° pour *le Faucon* (aussi remontée).

Le tome II contient 3 DESSINS à l'encre de Chine et rehaussés de blanc pour : 1° *les Oies de frère Philippe;* 2° *le Diable de Papefiguière*, et 3° *le Roi Candaule*. Ces deux derniers dessins sont très légers.

En tête du tome Ier, on a aussi ajouté un portrait de la Fontaine gravé par Ficquet d'après Hyacinthe Rigault. Belle épreuve remontée in-4.

109. LA FONTAINE. CONTES ET NOUVELLES en vers. *Paris (de l'imprimerie de Jouaust)*, 1874. 2 tomes en 4 vol. in-8, portraits et figures, mar. rouge, dos orné, dent. doublé de moire rose, tr. supér. dor.

Exemplaire en GRAND PAPIER auquel on a ajouté :

1. La suite des *fermiers généraux* par Eisen et Longueil, découpée au cadre et remontée in-8.

2. La même suite en contre-partie, épreuves anciennes découpées au cadre et remontées in-8.

3. La suite des *fermiers généraux* publiée par l'éditeur Barraud avec les fleurons de Choffard tirés à part.

4. La suite des vignettes gravées par Romain de Hooge; tirage original de 1685, cette suite est découpée au cadre et remontée.

5. La même suite, copie, aussi remontée.

6. Plusieurs pièces isolées, figures et vignettes, gravées par divers artistes.

7. Environ 27 portraits divers de l'auteur, anciens et modernes, répartis en tête de ces 4 volumes.

Exemplaire complètement monté sur onglets.

110. LA FONTAINE. FABLES CHOISIES mises en vers (publiées avec la vie de l'auteur, par M. de Montenault). *Paris, chez Desaint et Saillant,* 1755-1759. 4 vol. in-fol. front. et figures de J.-B. Oudry, demi-rel. bas. tr. jasp.

Exemplaire de PREMIER TIRAGE.

111. LA FONTAINE. Fables. *A Parme, de l'imprimerie de la veuve Bodoni,* 1814. 2 vol. in-fol. papier vélin, demi-rel. bas. n. rog.

Belle édition, dédiée à Joachim Murat, qui occupait alors le trône de Naples. Elle renferme la vie de La Fontaine par Creuzé de Lesser.

112. LA FONTAINE. Suite complète de 64 fleurons d'après Choffard, pour illustrer les Contes. Gr. in-8, cart.

Tirage à part et moderne, le placement est indiqué.

113. LA FONTAINE. Suite complète de 1 portrait et 40 figures gravées à l'eau-forte d'après Fragonard, Lancret, Pater, Le Mesle, Eisen, Boucher, etc., pour illustrer : *les Contes de La Fontaine.*

Très jolie suite publiée par l'éditeur Lemerre.
Belles épreuves *avant la lettre* sur Hollande, tirée gr. in-8.

114. LA HARPE. Tangu et Félime, poëme en IV chants, par M. de La Harpe, de l'Académie française. *Paris, chez Pissot,* 1780. In-12, figures, demi-rel. avec coins mar. orange, tr. supér. dor.

Titre gravé par Marillier et 4 jolies figures du même, gravées par De Ghendt, Dambrun, Halbou et Ponce.

115. LA MOTTE. FABLES NOUVELLES dédiées au Roy, par M. de La Motte, de l'Académie françoise, avec un discours sur la fable. *A Paris, chez Grégoire Dupuis,* 1719. In-4, front. et figures, mar. rouge, dos orné, fil. tr. dor.

Bel exemplaire de cette édition recherchée ornée d'un frontispice de Coypel gravé par Tardieu, d'un fleuron sur le titre par Vleugels, gravé par Simoneau, et de nombreuses vignettes par Coypel, Gillot, B. Picart et Ranc, gravées par Cochin, Gillot, Edelinck, B. Picart, Simoneau et Tardieu.
On a ajouté un portrait de l'auteur, de l'époque.

116. LANGEAC (Le chevalier de). Colomb dans les fers, à Ferdinand et Isabelle, après la découverte de l'Amérique,

précédée d'un précis historique sur Colomb. *A Londres et se trouve à Paris, chez Alex. Jombert*, 1782. In-8, figures, demi-rel. bas.

Figure, vignette et cul-de-lampe par Marillier.

117. LE MIERRE. La Peinture, poëme en trois chants. *A Paris, chez Le Jay, s. d.* In-4, figures, demi-rel. avec coins mar. La Vall. dos orné, tr. dor. (*Raparlier.*)

Bel exemplaire contenant 3 jolies figures par Cochin, gravées par Prévost, Ponce et de Saint-Aubin; le titre contient le portrait de Corneille gravé en médaillon.

118. LE MOYNE. Les Œuvres poétiques du P. Le Moyne. *Paris, chez Thomas Jolly et Simon Benard*, 1671. In-fol. texte à 2 col. grandes planches et vignettes gravées, vélin de Hollande.

119. LÉONARD. Œuvres. Quatrième édition. *Paris, chez Prault*, 1787. 2 vol. in-12, 7 figures par Coiny et Vivier, et une 8me par Moreau, demi-rel. avec coins, mar. bleu jans. tr. supér. dor. n. rog.

120. LÉONARD. Poésies pastorales, par Léonard, suivies de la Voix de la Nature, poëme, des Lettres de Sainville et de Sophie, et d'autres pièces en vers et en prose. *A Genève et à Paris, chez Lejay* (1771). In-8, joli titre gravé par Marillier et vignettes en tête par Eisen, demi-rel. avec coins, mar. rouge jans. tr. dor.

121. LE SAGE. Histoire de Gil Blas de Santillane. *Paris, de l'imprimerie de P. Didot l'aîné*, 1819. 3 vol. in-8, v. f. dos orné, fil. dent. int. tr. dor.

De la *Collection des meilleurs ouvrages de la langue française.*
Exemplaire en papier fin, auquel on a ajouté les jolies figures de Bornet, Charpentier et Duplessi-Bertaux.

122. LE SAGE. Histoire de Gil Blas de Santillane; avec des notes historiques et littéraires, par M. le comte François de Neufchâteau. *Paris, Lefèvre*, 1825 (*imprimerie de Jules Didot aîné*). 3 vol. in-8, portraits et figures, mar. rouge, dos orné, dent. tr. supér. dor. n. rog.

Un des 50 exemplaires tirés sur GRAND PAPIER JÉSUS VÉLIN, pour la collection des classiques français, auquel est ajouté: 1° La suite de Bonnet, Charpentier et Duplessi-Bertaux, avec encadrement, gravé sous la direction de M. Hubert (cette suite est remontée; quelques figures sont doubles et *avant la lettre*).

2º La suite de Choquet gravée en 1817, Épreuves ayant la lettre (suite mélangée).

3º La suite in-8 de Desenne, pour l'édition de Lefèvre 1820 (cette suite se joint très souvent à cette présente édition).

4º La suite in-18 de Smirke.

Et 5º la suite in-8 de Gavarni publiée par Morizot.

123. LE SAGE. HISTOIRE DE GIL BLAS de Santillane, précédée d'une notice par M. Sainte-Beuve. *Paris, Garnier fr.*, 1864. 2 tomes en 4 vol. gr. in-8, portraits et figures, mar. bleu, dos orné, large dent. sur les plats et dent. int. tr. sup. dor. n. rog.

Bel exemplaire tiré sur PAPIER DE HOLLANDE auquel on a ajouté :

1º La suite des figures in-8 de Marillier, gravées en 1796 par Villerey, épreuves remontées.

2º La suite des figures in-8 de Bornet, Charpentier et Duplessi-Bertaux, gravées sous la direction de Hubert, épreuves sur chine.

3º La suite des figures de Smirke publiées en 1809; épreuves sur chine avec la lettre grise, et remontées, légendes en anglais et en français.

4º La même suite in-8 (réduction de la précédente) publiée à Londres en 1822, épreuves sur chine, avec la légende anglaise seulement.

5º La suite des figures in-8 de Gavarni publiée par l'éditeur Morizot, épreuves *sur chine avant la lettre.*

Et 6º environ 22 portraits de Le Sage, gravés par différents artistes et en divers états.

Ces portraits sont répartis en tête de chaque volume.

124. LE SAGE. Histoire de Guzman d'Alfarache, nouvellement traduite, et purgée des moralités superflues. *A Maestricht, chez Jean-Edme Dufour,* 1777. 2 vol. in-12, figures, brochés.

125. LE SAGE. 30 vignettes sur bois gravées par Trichon d'après H***, pour Gil Blas; remontées gr. in-8.

126. LEVAYER DE BOUTIGNY. 3 fleurons et 20 vignettes par Eisen, gravées par Helman, de Longueil, Masquelier, Massard, Née et Ponce, pour *Tarsis et Zélie.*

Tirage moderne.

127. (IL) LIBRO DEL PERCHÈ. La Pastorella del Marino, la Novella dell' Angelo Gabriello coll' aggiunta della Membriancide, ed altre cose piacevoli. *Nullibi et Ubique nel* XVIII *secolo.* In-12 de 118 pages, v. éc. fil. tr. dor.

128. LONGUS. Les Amours pastorales de Daphnis et de Chloé, double traduction du grec en français de M. Amiot et d'un anonime, mises en paralelle et ornées des estampes de Andran, etc.... *A Paris, imprimées pour les curieux,* 1757.

In-4, figures, vignettes et culs-de-lampe, demi-rel. chagr.
La Vall. dos orné, non rogné.

Édition contenant les figures de l'édition de 1718, retouchées et entourées de très beaux cadres ornés par Fokke.

129. LONGUS. 9 figures in-4, d'après Gérard et Prudhon, gravées par Godfroy, Marais, Massard et Roger, pour les Amours pastorales de Daphnis et Chloé. *Paris, Didot, 1800.*

Belles épreuves *avant la lettre*, marges.

130. LUCANUS. *Venetiis, apud Aldum, mense aprili* 1502. In-8 de 140 ff. caract. italiq. v. brun, comp. à froid avec la marque des Alde en or sur les plats, tr. dor.

131. LUCRETIUS (Libr. VI). *Venitiis, in ædibus Aldi,* 1515. In-8, caract. italiq. v. br. comp. tr. dor.

Jolie reliure vénitienne du xvi° siècle avec armoiries.

132. LUCREZIO. Di Tito Lucrezio Caro della natura delle cose libri sei, tradotti dal latino in italiano da Alessandro Marchetti. *In Amsterdamo (Paris),* 1754. 2 vol. in-8, front. fig. en-tête par Cochin, Eisen et Le Lorrain, v. éc. fil. tr. dor.

133. LUCRÈCE. De la Nature des choses, traduit par Lagrange. *De l'imprimerie de Didot le jeune, à Paris, chez Bleuet père, l'an deuxième de la République.* 2 vol. in-4, figures de Monnet, demi-rel. avec [coins,] mar. rouge, dos orné, tr. supér. dor. éb.

Bel exemplaire auquel on a ajouté :
1° Une double suite des figures de l'édition, épreuves avant la lettre et et au bistre.
2 La même suite non signée, in-8 sans cadre et avant la lettre; épreuves remontées.
Et 3° le titre et les 6 figures de Gravelot, de l'édition de Bleuet 1768, épreuves aussi remontées.

134. LUCRÈCE. 1 frontispice et 6 figures in-8, pour l'édition de *Paris, Bleuet,* 1795. 2 vol. in-8.

Ces figures sont sur papier vélin et *avant la lettre.*

135. (MALFILATRE.) Narcisse dans l'Isle de Vénus, poëme en quatre chants. *A Paris, chez Lejay, s. d.* (1769). In-8, figures, mar. bleu, dos orné, large dent. sur les plats, dent. int. tr. dor.

Première édition. Titre dessiné par Eisen, gravé par de Ghendt et 4 figures dessinées par Gabr. de Saint-Aubin, gravées par Massard.

136. Marguerite de Navarre. Heptaméron françois, Les Nouvelles de Marguerite, reine de France. *Berne, chez la nouvelle Société typoyraphique*, 1780. 3 vol. in-8, frontispices, figures de Freudenberg, vignettes et culs-de-lampe par Dunker, mar. bleu, dos orné, comp. sur les plats avec un semis de marguerites, doublé de mar. bleu, dent. et comp. fleurdelisés, tr. sup. dor. (*Chambolle-Duru.*)

Très bel exemplaire NON ROGNÉ. Bonnes épreuves AVANT LES NUMÉROS. Haut. : 208 mill.

137. Marguerite de Navarre. L'Heptaméron des nouvelles de Marguerite d'Angoulème, reine de Navarre, publié sur les manuscrits, par les soins et avec les notes de MM. Le Roux de Lincy et Anatole de Montaiglon. *Paris, Aug. Eudes*, 1880. 4 tomes en 8 vol. in-8, figures de Freudenberg, mar. bleu, dos orné, fil. doublé de mar. rouge, semis de marguerites, tr. sup. dor. éb.

Exemplaire sur papier Van Gelder, avec 3 suites de gravures hors texte : 1. une en noir sur japon; 2. une en bistre; et 3. une en sanguine sur Van Gelder, et les en-têtes de Dunker tirés à part.

138. Marillier. Album de figures du Cabinet des Fées. Recueil de 120 figures de Marillier, gravées par Berthet, Biosse, Borgnet, Choffard, Croutelle, Dambrun, Delignon, Delvaux, Duponchel, Fessard, Gaucher, De Ghendt, Halbou, de Longueil, Malapeau, etc., montées sur onglets et réunies en un vol. in-8, demi-rel. avec coins, mar. rouge, tr. supér. dor.

Collection complète en belles épreuves.

139. Marillier. Album des figures du Cabinet des Fées et des Mille et un jours. Recueil de 200 figures de Marillier, réunies en un vol. in-8, demi-rel. avec coins, chag. bleu, dos orné, fil. tr. supér. dor.

Belles épreuves anciennes.

140. Marivaux. La Vie de Marianne, ou les Aventures de Mme la comtesse ***, par M. de Marivaux. *A Amsterdam, E. Van Harrevelt*, 1778. 2 vol. in-12, figures de V. Schley et Fokke, mar. rouge, dos orné, dent. tr. dor.

141. Marivaux. La Vie de Marianne, ou les Aventures de Mme la comtesse ***. *Londres (Paris, Cazin)*, 1782. 4 vol. in-18, v. marbr. fil. tr. dor.

Jolie édition ornée de 4 frontispices de chevaux gravés par Duponchel.

142. MARTIALIS. *Venetiis, in ædibus Aldi, mense decembri,* 1501. Pet. in-8, de 192 ff. car. italiq. v. brun, comp. à froid sur les plats avec la marque des Alde en or; tr. dor.

Édition rare, petits racc. au premier et dernier feuillet.

143. MEDITATIONI del Rosario Maria Vergine nuovamente ristampate con figure a ciascuna Meditatione accommodate (per il religioso Padre F. Alberto da Castello). *In Venetia, appresso Domenico et Gio. Battista Guerra, fratelli,* 1583. Pet. in-8, nombr. gravures sur bois avec encadrement varié, v. brun, comp. tr. dor. (*Reliure moderne, style du* XVI*e siècle.*)

Exemplaire complètement monté sur onglets, un bon nombre de ces gravures sont remontées et doublées.

144. MILLE ET UNE NUITS, contes arabes traduits en français, par Galland; nouvelle édition, revue, accompagnée de notes, augmentée de plusieurs contes traduits pour la première fois, ornée de 21 gravures et publiée par M. Ed. Gauttier. *Paris, J.-A.-S. Collin de Plancy,* 1822-1823. 7 vol. in-8, figures, demi-rel. v. vert, tr. supér. dor. n. rog.

Exemplaire en GRAND PAPIER VÉLIN, avec les figures de Chasselat en trois états avec la lettre sur blanc, *avant la lettre* sur blanc, et *avant la lettre* sur chine.

On a ajouté les figures de Marckl, *sur chine avant la lettre*, publiées par Poursat.

145. MILLE ET UNE NUITS, contes arabes, traduits par Galland, édition illustrée par les meilleurs artistes français et étrangers, augmentée d'une dissertation sur les Mille et une Nuits, par M. le baron Silvestre de Sacy. *Paris, Ern. Bourdin, s. d.* 3 vol. gr. in-8, figures dans le texte et hors texte, demi-rel. chag. grenat, tr. supér. dor. éb.

146. MILLE ET UNE NUITS. Suite complète de 6 gravures in-8 de R. Westall, pour l'édition Galliot, 1822-1825.

Épreuves sur chine *avant la lettre*.

147. MILLE ET UNE NUITS. 20 gravures gr. in-8, par Gavarni, gravées par E. Lerouge, Ch. Colin, Outwaite, F. Delannoy, Geoffroy, Nargeot.

Belles épreuves sur chine.

148. MIRABEAU. Errotika Biblion. *A Rome, de l'imprimerie du Vatican (Paris),* 1783. In-8, demi-rel. avec coins, mar. bleu, dos orné, fil. tr. sup. dor. éb.

PREMIÈRE ÉDITION, portrait de l'auteur ajouté.

149. Molière. Œuvres, nouvelle édition, revue, corrigée et augmentée, enrichie de figures en taille-douce. *A Amsterdam, chez Pierre Brunel,* 1713. 4 vol. pet. in-12, portrait de l'auteur et figure par Schouten, mar. rouge, dos orné, tr. dor.

150. Molière. Œuvres, nouvelle édition. *Paris,* 1734. 6 vol. in-4, portrait de Molière par Coypel, figures de Boucher, vignettes et culs-de-lampe, v. éc. fil. tr. dor.

Bel exemplaire de second tirage.

151. Molière. Œuvres complètes, nouvelle édition, revue sur les textes originaux, avec un travail de critique et d'érudition, etc., par M. Louis Moland. *Paris, Garnier fr.,* 1863-1864. 7 vol. in-8, portraits et figures, demi-rel. avec coins, chagr. rouge, tr. supér. dor. n. rog.

Exemplaire tiré sur papier de Hollande avec les figures de l'édition par Stahl, gravées sur acier, *épreuves sur chine avant la lettre.*

On a ajouté : 1° La première suite de Moreau le jeune, gravée pour l'édition de 1773, avec les fleurons des titres.

2° La suite de Moreau le jeune, publiée par Renouard en 1813.

3° La suite des figures de Punt (in-18), réduction de Boucher, gravée par Legrand.

4° La même suite; réduction de Boucher, gravée par Fessard.

Et 5° La suite des vignettes, gravées à l'eau-forte par Hillemacher; tirage à part sur chine.

Toutes ces suites, sauf celle d'Hillemacher, sont remontées.

Les portraits de ces suites sont répartis en tête des divers volumes.

152. Molière. L'Amour médecin, comédie. *A Amsterdam, chez Jacq. Le Jeune (à la Sphère),* 1684. Pet. in-12, frontispice gravé, 36 pages, chiffr. cart.

Haut. : 127 mill.

153. Molière. 2 portraits in-fol., le premier d'après Godefroy, le second d'après Lalauze.

Épreuves *avant la lettre.*

154. Montcrif. Les Chats. *A Paris, chez Gabr.-François Quillau,* 1727. In-8, figures, v. brun.

Édition originale, ornée de 9 figures de Coypel, gravées à l'eau-forte par le comte C. Caylus.

155. Montesquieu. Le Temple de Gnide, revu, corrigé et augmenté. *Londres (Paris),* 1742. In-12, titre gravé avec fleuron, frontispice et 7 vignettes non signées, demi-rel. avec coins, mar. bleu, dos orné, tr. supér. dor.

Le frontispice est remargé; le titre est court.

456. MONTESQUIEU. LE TEMPLE DE GNIDE, nouvelle édition avec figures gravées par N. Le Mire, d'après les dessins de Ch. Eisen. Le texte gravé par Drouet. *A Paris, chez Le Mire, graveur, 1772.* In-8, titre, frontispice et figures, mar. bleu, dos orné, fil. dent. int. tr. dor. (*Chambolle-Duru.*)

157. MONTESQUIEU. LE TEMPLE DE GNIDE, nouvelle édition, avec figures gravées par N. Le Mire, d'après les dessins de Ch. Eisen. Le texte gravé par Drouet. *A Paris, chez Le Mire, graveur, 1772.* Pet. in-4, titre, frontispice et figures, mar. citron, dos orné, large dent. sur les plats, et int. doublé de moire verte, tr. dor.

> Exemplaire complètement monté sur onglets.

158. MONTESQUIEU. Le Temple de Gnide, suivi des Romans. *Paris, chez Bailly et Desenne,* 1797. In-8, 3 figures de Clavareau, demi-rel. avec coins, mar. bleu, jans. tr. dor.

> On a ajouté à cet exemplaire les figures de Monnet, gravées en 1772 et celles de Desrais.

159. MOREL-VINDÉ. Primerose. *A Paris, Leclère fils,* 1863. In-12, papier vélin, figures de Lefebvre, v. f. dos orné, fil. dent. int. tr. dor.

> Un des 100 exemplaires sur ce papier. *Épreuves avant la lettre.*

160. MOREL-VINDÉ. ZÉLOMIR. *De l'imprimerie de P. Didot l'aîné, à Paris, chez Bleuet jeune,* 1801. In-18, papier fin, figures, mar. rouge, dos orné, fil. dent. int. tr. dor. (*Thivet.*)

> Joli exemplaire avec les 6 figures de Lefebvre, gravées par Godefroy. Epreuves en 2 états, avec et *avant la lettre.*

161. MUSÉE. Héro et Léandre, poème de Musée; on a joint la traduction de plusieurs idylles de Théocrite, par M*** C*** (Moutonnet de Clairfons). *A Sestos, et se trouve à Paris, chez Le Boucher,* 1774. Gr. in-8, frontispice par Eisen, v. marbr. fil. tr. dor.

> Complément de l'Anacréon, Sapho, Bion et Moschus, de l'édition de 1773.

162. MUSSET (Alfred de). Œuvres complètes, avec lettres inédites, variantes, notes, index, fac-simile, notice biographique, par son frère; édition dédiée aux amis du poète, ornée de 28 dessins de M. Bida et d'un portrait d'Alfred de Musset, d'après l'original de M. Landelle,

gravés sur acier, sous la direction de M. Henriquel-Du-
pont, par les premiers artistes. *Paris, Charpentier (imprimerie J. Claye)*, 1866. 10 vol. gr. in-8, figures, jolie demi-
rel. avec coins de mar. orange, dos orné et mosaïqué de
mar. bleu, fil. tr. supér. dor. n. rog.

> Très bel exemplaire sur GRAND PAPIER DE HOLLANDE, avec les figures
> de Bida sur chine et AVANT LA LETTRE.

163. (Les) MYSTÈRES dévoilés, tant mieux tant pis, ou le Pro-
nostiqueur véridique, almanach orné de jolies gravures.
Paris, chez Janet, s. d. (1793). In-18, figures, mar. rouge,
tr. dor. (*Reliure ancienne.*)

> Volume entièrement gravé. Les figures sont fort jolies et intéressantes
> au point de vue des costumes ; elles sont signées Dorgez.

164. NOGARET (J.). Le Fond du sac, ou Restant des babioles
de M. X***, membre éveillé de l'Académie des dormans.
A Venise, chez Pantalon-Phébus, 1780 (*Paris, Cazin*).
2 tomes en un vol. in-18, frontispice et vignettes à mi-
pages, mar. bleu, dos orné, dent. tr. dor.

165. (NOGARET, Félix). Le Fond du sac, ou Recueil de contes
en vers et en prose et de pièces fugitives. *Paris, Leclère
(Lyon, imprimerie L. Perrin)*, 1866. In-8, papier de Hollande, mar. bleu, dos orné, comp. sur les plats, dent. int.
tr. supér. dor. éb. frontispice et vignettes gravées.

> Exemplaire avec la suite des vignettes tirées à part et au bistre.

166. OVIDIUS. Ovidii Metamorphoseos libri quindecim. *Venetiis, in ædib. Aldi, mense Octobri M.D.II* (1502). Pet.
in-8, car. italiq. v. brun, comp. à froid avec la marque des
Alde en or sur les plats, tr. dor.

> Exemplaire lavé, petit raccommodage dans la marge de l'avant-dernier
> feuillet, le dernier feuillet est remmargé extérieurement.

167. OVIDE. Métamorphoses d'Ovide, en rondeaux (par Isaac
Benserade), imprimez et enrichis de figures par ordre de
Sa Majesté, et dediez à Monseigneur le Dauphin. *Paris, de
l'Imprimerie royale*, 1676. Gr. in-4, front. et figures à mi-
pages, v. br.

> Édition recherchée, pour les gravures de Le Clère, F. Chauveau et
> J. Le Pautre, dont elle est ornée.

168. PERRAULT. Contes. Dessins par Gustave Doré, préface
par P.-J. Stahl. *Paris, J. Hetzel*, 1869. In-4, figures,

demi-rel. avec coins, mar. bleu, dos orné, fil. plats perc. tr. dor.

Exemplaire tiré sur papier vélin fort. Les gravures sont *avant la lettre.*

169. PETITOT. Les Émaux de Petitot du musée impérial du Louvre. Portraits de personnages historiques et de femmes du siècle de Louis XIV, gravés au burin par M. L. Ceroni. *Paris, Blaisot,* 1862. 2 vol. in-4, portraits, cart. original, tr. dor.

170. PETRARCA. Il Petrarca (Sonetti et canzoni di Messer Francesco Petrarcha in vita di Madona Laura). *Vinegia, nelle case d'Aldo e d'Andrea Asolano nel' anno 1521, del mese di Giulio.* Pet. in-8, car. italiq. vélin blanc.

Bel exemplaire d'une édition rare.

171. PEZAY (Le marquis de). Zélis au bain, poëme en quatre chants. *Genève, s. d.* In-8 de 43 pages, titre par Eisen, gravé par Lemire avec la date de 1763, 4 figures, 4 vignettes et 4 culs-de-lampe par Eisen, mar. rouge, dos orné, fil. doublé de mar. bleu avec comp. tr. dor. (*P. Benhaes.*)

Jolies illustrations.

172. PHÆDRUS. Fabularum Æsopiarum libri quinque; notis perpetuis illustrati, et cum integris aliorum observationibus in lucem editi a Johanne Laurentio. *Amstelodami, apud Johannem Janssonium,* 1667. In-8, frontispice et figures à mi-pages, demi-rel. avec coins, mar. rouge, dos orné, tr. dor.

Ouvrage recherché pour les figures dont cette édition est ornée. La figure de la page 276 est en bon état.

173. PINDARUS. Pindari Olympia, Pythia, Nemea, Isthmia; Callimachi hymni qui inveniuntur; Dionysius de situ orbis; Lycophronis Alexandra, obscurum poëma (græce). *Venetiis, in ædibus Aldi et Andreæ Asulani mense Januario 1513.* Pet. in-8, v. brun, comp. à froid avec la marque des Alde en or sur les plats, tr. dor.

PREMIÈRE ÉDITION de ce poète, rare et recherchée.

174. (Les) PLAISIRS DE L'AMOUR, ou Recueil des contes, histoires et poëmes galants. *Chez Apollon, au Mont-Parnasse (Cazin),* 1782. 3 vol. in-18, frontispice et jolies figures

non signées, mar. bleu, dos orné, fil. doublé de mar. vert,
semis de fleurs, tr. dor. (*P. Benhaes.*)

Joli recueil contenant des pièces de Dorat, Bordès, Voltaire, La Fontaine, etc.

175. — Même ouvrage, même édition. 3 tomes en 1 vol.
in-18, figure, mar. bleu, dos orné, dent. tr. dor.

176. Poliphile. Songe de Poliphile, traduction libre de l'italien, par J.-G. Legrand. *A Parme, de l'imprimerie Bodoni,*
1811. 2 vol. in-4, papier vélin, cart. n. rog.

177. Ponce. Les Illustres Français, ou Tableaux historiques
des grands hommes de la France, pris dans tous les genres
de célébrité jusqu'à l'époque de 1792, dédié à S. A. R. le
comte d'Artois, par M. Ponce, graveur ordinaire du cabinet de ce Prince, d'après les dessins de M. Marillier. *A
Paris, chez l'auteur* (1790-1816). In-fol. titre gravé avec
les armes de France et planches dessinées par Marillier,
gravées par Ponce, cart.

Première partie, titre et 25 planches.

178. Pontanus. Centum Ptolemæi sententiæ ad Syrum fratrem a Pontano e græco in latinum tralatæ, atque expositæ. Eiusdem Pontani libri XIIII de Reb. cœlestibus;
Liber etiam de Luna imperfectus. *Venetiis, in ædibus
Aldi et Andreæ soceri, mense Septemb.* 1519. In-8, caract.
italiq. v. br. comp. sur les plats, tr. dor. ciselée. (*Reliure
du* xvie *siècle.*)

179. Prévost (l'abbé). Histoire de Manon Lescaut et du
chevalier Des Grieux, par Prévost. *Paris, Werdet et Lequien fils,* 1827. Gr. in-8, portraits et figures, demi-rel.
avec coins mar. bleu, dos mosaïqué, tr. supér. dor. n. rog.
(*Claessens.*)

Exemplaire sur GRAND PAPIER RAISIN VÉLIN auquel on a ajouté :
1° La suite complète de 8 vignettes de Gravelot pour l'édition de 1753
(2 de ces pièces seulement sont de cet artiste, les 6 autres sont de Pasquier), cette suite est remontée.
2° La suite complète de Lefèvre, gravée par Coiny (1798), *épreuves
avant la lettre;* remontées.
3° 4 vignettes de Desenne en trois états, *eaux-fortes, avant et avec la
lettre,* 12 pièces; 4 vignettes de titres (par le même), *papier de Chine,
avant la lettre et les eaux-fortes,* plus 2 sujets avec la lettre; 10 pièces,
3 sujets par le même, *sur chine avant la lettre et les eaux-fortes,* 6 pièces.
En tout 28 pièces.
4° Suite complète des figures de Johannot, édition Bourdin, *épreuves
sur chine avant la lettre.*

5° Deux frontispices tirés en or et une pièce isolée.
6° 12 portraits de l'auteur par Ficquet, Wille, Schmidt, Cochin et autres artistes, placés en tête du volume.
Toutes ces figures ajoutées forment un total de 77 pièces.

180. Prévost (l'abbé). Histoire de Manon Lescaut et du chevalier Des Grieux, précédée d'une étude par Arsène Houssaye. Six eaux-fortes par Hédouin. *Paris, libr. des Bibliophiles (D. Jouaust, éditeur)*, 1874. In-8, portraits et figures, mar. rouge, dent. int. tr. supér. dor. n. rog.

Exemplaire sur papier de Hollande avec les figures en 2 états avec et *avant la lettre.*

181. Prévost (l'abbé). Histoire de Manon Lescaut et du chevalier Des Grieux, précédée d'une préface par M. Alexandre Dumas fils. *Paris, Glady fr. (impr. de J. Claye)*, 1875. 1 tome en 2 vol. gr. in-8, portraits et figures, demi-rel. avec coins, mar. bleu, dos orné, fil. tr. supér. dor. n. rog.

Exemplaire sur papier Turkey-Mill, tiré à petit nombre, avec les figures de l'édition, par Léopold Flameng, gravées à l'eau-forte en deux états *avant la lettre* et avec la lettre.
On a ajouté : 1° La suite des figures de Gravelot et Pasquier pour l'édition de 1753 ; cette suite est remontée.
2° La suite des figures de Ed. Hédouin publiée par l'éditeur Jouaust : en trois états, *avant la lettre* sur blanc, *avant la lettre sur chine* et avec la lettre.
3° La suite des figures, gravées par Louis Monziès, publiée par l'éditeur Alph. Lemerre, *épreuves avant la lettre sur Watman.*
4° La suite in-18 de Lefebvre, *épreuves avant la lettre* ; tirage moderne.
5° La suite des figures de Chauvet, *épreuves sur chine avant la lettre.*
Les portraits appartenant à ces différentes suites sont placées en tête de ces deux volumes.

182. Querlon (De). Les Grâces (Recueil de différents ouvrages sur les Grâces, en prose et en vers). *A Paris, chez L. Prault et Bailly*, 1769. Gr. in-8, titre gravé par Moreau, front. par Boucher, gravé par Simonnet, et 5 figures de Moreau, mar. rouge, dos orné, fil. doublé de mar. bleu avec comp. dorés, tr. dor.

183. — Même ouvrage, même édition. In-8, figures, mar. rouge, dos orné, fil. tr. dor.

Cet exemplaire n'est pas si grand de marges que le précédent.

184. Quinque illustrium poetarum : Antonii Panormitæ ; Ramusii ; Pacifici Maximi J. Jov. Pontani ; Joan. Secundi, lusus in Venerem partim ex codicibus manuscriptis nunc primum edidit. *Parisiis, prostat ad Pistrinum in vico suavi*

(*chez Molini*), 1791. In-8 de 8 et 242 pp. plus 1 f. d'errata,
v. f. fil. tr. dor.

> Volume rare dont on attribue généralement la publication à l'abbé de
> Saint-Léger.
> Exemplaire tiré sur papier fin de Hollande.
> La reliure est de Mouillié, *elle est signée.*

185. RABELAIS. Œuvres, augmentées de la vie de l'auteur et
de quelques remarques sur sa vie et sur l'histoire; avec
la clef et l'explication de tous les mots difficiles. *S. l.*, 1669
(*à la Sphère*). 2 vol. in-12, v. f. dos orné, fil. tr. dor.

> Jolie édition, imprimée avec des caractères elzéviriens, et reproduisant
> page pour page l'édition de 1663.

186. RABELAIS. ŒUVRES DE MAITRE FRANÇOIS RABELAIS avec
des remarques historiques et critiques de M. Le Duchat,
nouvelle édition, ornée de figures de B. Picart, etc. *A
Amsterdam, chez Jean-Frédéric Bernard*, 1741. 3 vol. in-4,
portrait, front. gravé et figures, mar. rouge, dos orné,
dent. tr. dor. (*Chambolle-Duru.*)

187. RABELAIS. Œuvres de maître François Rabelais, suivies
des remarques publiées en anglais par M. Le Motteux
et traduites en françois par C. D. M. (de Missy), nouvelle
édition, ornée de 76 gravures. *Paris, Ferd. Bastien, an VI.*
3 vol. in-8, portrait et figures, mar. rouge, dos orné, dent.
tr. supér. dor. éb. (*Chambolle-Duru.*)

> Bel exemplaire en GRAND PAPIER, tiré in-4; avec les figures *avant la
> lettre.*

188. RACINE. Œuvres de Racine. *Suivant la copie imprimée
à Paris (Amsterdam, Abr. Wolfgang)*, 1678. 2 vol. pet.
in-12, frontispices et figures gravées. — Esther, tragédie
tirée de l'Écriture sainte (par Racine). *A Amsterdam, chez
les héritiers d'Antoine Schelte*, 1698. — Athalie, tragédie
(par le même). *Suivant la copie imprimée à Paris, à Amsterdam chez Antoine Schelte*, 1696. 2 pièces en 1 vol. pet.
in-12, frontispices. Ens. 3 vol. pet. in-12, figures, mar.
bleu, comp. doublé de mar. rouge, comp. à petits fers, tr.
dor. (*Ottmann-Duplanil.*)

> Haut. : 130 mill.
> La reliure du volume, contenant Esther et Athalie, n'est pas doublée.

189. RACINE. Œuvres. *A Londres, de l'impr. de J. Tonson et
J. Watts*, 1723. 2 vol. in-4, portrait, frontispice et figures
par Chiron, demi-rel. bas.

190. RACINE. Œuvres, nouvelle édition, augmentée de diverses pièces et de remarques, etc. (par d'Olivet, Desfontaines, Racine fils et autres), avec de très belles figures en taille-douce (d'après Boulogne). *A Amsterdam et à Leipzig*, 1750. 3 vol. in-12, portrait, figures de Dubourg, mar. rouge, dos orné, dent. tr. supér. dor. éb.

191. RACINE. THÉATRE, orné de vignettes gravées à l'eauforte, sur les dessins d'Ernest Hillemacher, par Frédéric Hillemacher. *Paris, Libr. des Bibliophiles (D. Jouaust, imprimeur)*, 1873-1874. 4 vol. in-8, portraits et figures, mar. bleu, dos orné, dent. tr. supér. dor. éb. (*Bosquet.*)

Aux figures de l'édition on a ajouté :

1o La même suite d'Hillemacher ; tirage à part sur chine ;

2o La suite de Gravelot, gravée par Duclos, Flipart, Le Mire, Simonet, etc., pour l'édition in-8 de 1768 ; marges ;

3o La suite de de Sève, réduite et gravée par Bréant, Fessart, Legrand, etc., pour l'édition en 3 vol. in-12, 1767 ;

4o La suite des figures de Le Barbier ;

5o La jolie suite de Moreau, gravée par de Ghendt, Roger, Simonet et Trière, publiée par Renouard ;

6o La suite de Moreau, publiée en 1811 pour l'édition de Ménard, 4 vol. in-8 ;

7o Les figures de Desenne, Prudhon, Gérard, Girodet, Taunay, publiées par Furne ;

8o 30 portraits anciens et modernes de Racine en divers états qui sont répartis en tête de ces quatre volumes.

192. RECUEIL de différentes pièces historiques, réunies en un volume gr. in-8, mar. rouge, dos orné, fil. dent. int. tr. dor.

Le poème de Fontenoy (par Voltaire). *A Paris, de l'Imprimerie royale*, 1745. In-4, 28 pages. — Etrennes françoises sous le règne de Louis le Bien-Aimé, comprenant les monuments mémorables et récents érigés dans la capitale, etc. *Paris, Desnos, s. d.* (1768). Figures en médaillons et figures de blasons et 1 plan de Paris, in-4 de 68 pages. — La Grandeur de Dieu dans ses moindres ouvrages, ode (par le Père Regnault, de l'Oratoire). *Paris, Desprez*, 1770. In-4 de 4 pages et 1 figure. — Ode de S. A. S. Mgr le duc de Penthièvre, amiral de France (par Sevestre, curé de Radepont). *Rouen*, 1775. Gr. in-8, 15 pages. — Henri IV peint par lui-même dans deux discours de ce prince. *A Paris, de l'imprimerie de Monsieur*, 1787. Gr. in-8 de 31 pages. — Discours en vers à l'occasion de l'assemblée des Notables, en 1787. *Paris, de l'imprimerie de Monsieur*, 1787. Gr. in-8, de 8 pages.

193. RECUEIL DES MEILLEURS CONTES EN VERS, par la Fontaine, Voltaire, Vergier, Senecé, Perrault, Grécourt, Piron, Autreau, etc. *Londres (Paris, Cazin)*, 1778. 4 vol. pet. in-12, vignettes à mi-pages, mar. grenat, jans. dent. int. tr. dor.

Bel exemplaire des *Petits Conteurs*, illustré des vignettes de Duplessi-Bertaux.

Bonnes épreuves. Haut. : 119 mill.

194. — Même ouvrage, même édition. 4 vol. pet. in-12, vignettes à mi-pages, mar. bleu, dos orné, dent. tr. dor.

Haut. : 119 mill.

195. Regnier. Satires et autres Œuvres, accompagnées de remarques historiques. Nouvelle édition, considérablement augmentée. *A Londres, chez Jacob Tonson,* 1734. In-4, frontispice, v. ant. marbr.

196. Renouard (Ant.-Aug.). Annales de l'imprimerie des Alde, ou Histoire des trois Manuce et de leurs éditions. *Paris, J. Renouard,* 1834. In-8, portrait, cart. tr. sup. jasp. n. rog.

197. Rodolfo (Il), poema, tradotto dal cav. Ricci. *S. l. n. d.* In-fol. demi-rel. chagr. brun.

Manuscrit du xixe siècle.

198. Rossi (De). Scherzi poetici e pittorici sopra Amore (da Gio. Gher. Rossi). (*Parma, nella Stamp. reale (Bodoni),* 1795. In-4, texte et 40 planches gravées au trait, mar. rouge, tr. dor. (*Reliure de l'époque.*)

Les gravures ont été exécutées par Fr. Rosaspina, d'après les planches gravées au simple trait par le Portugais, Tekeira.

199. (Saint-Lambert.) Les Saisons, poëme (par Saint-Lambert). Septième édition. *A Amsterdam,* 1775. In-8, front. et fig. mar. bleu, dos orné, dent. tr. dor.

Bel exemplaire orné de jolies figures de Moreau et de vignettes de Choffard. Cet ouvrage, outre les Saisons, se compose de : l'Abénaki, Sara Th..., Ziméo, contes, pièces fugitives et de fables orientales.

200. Saint-Pierre. Paul et Virginie, par J.-H. Bernardin de Saint-Pierre. *Paris, L. Curmer,* 1838. Gr. in-8, portrait et figures, demi-rel. avec coins, mar. vert, dos orné, fil. tr. dor.

On a ajouté à cet exemplaire la suite in-18 de Westall gravée par Ch. Heath publiée à Londres en 1820.
Cette suite est remontée.

201. Sallustius. De Coniuratione Catilinæ, de Bello Jvgvrthino, Oratio contra M. T. Ciceronem, M. T. Ciceronis oratio contra Crispū Sallustium, etc. *Venetiis, in ædibus Aldi et Andreæ Asulani soceri, mense Aprili,* 1509. In-8, car. italiq. v. brun, comp. à froid, avec la marque des Alde en or sur les plats, tr. dor.

Bel exemplaire d'une édition rare.

202. SAND (Maurice). Masques et Bouffons (Comédie-Italienne), texte et dessins par Maurice Sand, gravures par A. Manceau, préface par George Sand. *Paris, Michel Lévy fr.* 1860. 2 vol. gr. in-8, papier vélin, figures. cart. n. rog.

Figures en couleur.

203. SAVONAROLE. Fratris Hieronymi Savonarole de Ferraria. Triūphus crucis de veritate fidei (4 livres). *Venetiis, O' Lazario de Soardis,* 1504. In-8, 92 feuillets chiffrés, car. goth. demi-rel. bas.

204. SAVONAROLA. Prediche del reverendo Padre Fra Jeronimo da Ferrara per tutto l'anno nuovamente con somma diligentia ricorretto. *Venetiis,* 1539. Fort vol. in-8, car. ronds, demi-rel. bas.

205. SCARRON. Recueil de seize estampes, par J.-B. Pater et J. Du Mont, pour le *Roman comique.* In-fol. obl. demi-rel. avec coins, chagr. viol. fil.

Très belle suite gravée par B. Audran, Jeaurat, Lépicié, Scottin, A. et L. Surugue, graveur du roi.
Ces planches sont montées sur onglets et ont toutes leurs marges.

206. SÉNAULT. Heures nouvelles, tirées de la Sainte Écriture, écrites et gravées par L. Sénault. *A Paris, chez l'auteur, s. d.* In-8, mar. rouge, dos orné, large dent. sur les plats, tr. dor. (*Reliure ancienne.*)

207. SPALLART (Robert de). Tableau historique des costumes, des mœurs et des usages des principaux peuples de l'antiquité et du moyen âge (traduit de l'allemand par L. De Jaubert et M. Breton). *A Metz, chez Collignon,* 1804-1809. 7 vol. in-8 et atlas in-4 obl. demi-rel. v. br. tr. marbr.

Les 7 vol. contiennent 284 planches de costumes en couleurs et l'atlas 191 planches.

208. TABLEAU de mœurs d'un siècle philosophe. Histoire de Justine de Saint-Val, par M. F. C. L. R. D. L. *A Manheim, chez C. Fontaine, et à Paris, chez la veuve Duchesne,* 1786. 2 tomes en 1 vol. in-12, mar. rouge, dos orné, dent. tr. sup. dor.

Volume orné de 2 frontispices d'après Binet, non signés, et une figure, 2e partie, p. 216.
Ce livre a été attribué à Rétif de la Bretonne et à François Candide Le Roy de Lozembruine.

209. Tacitus (C. Corn.). Opera, variorum commentariis illustrata; Joh. Fred. Gronovius recensuit et suas notas adjecit. *Amstelodami, apud Daniel. Elsevirium,* 1672. 2 forts vol. in-8, demi-rel. avec coins, mar. rouge, dos orné, tr. supér. dor.

210. Tafereelen van de Staatsom-wentiling in Frankrijk. *To Amsterdam, bij Johannes Allard,* 1794-1800. 5 vol. in-8, br. contenant 25 titres gravés, 79 portraits et 77 figures, formant un total de 181 planches gravées.

> Contrefaçon hollandaise des « Tableaux historiques de la Révolution française ». Chaque numéro a un titre gravé avec un joli fleuron-vignette par Vinkeles. Les figures sont de format in-4 pliées et montées sur onglets.

211. Tassoni. La Secchia rapita, poema eroicomico di Alessandro Tassoni. *In Parigi, appresso Lorenzo Prault.* Titres gravés, frontispice, figures, vignettes et culs-de-lampe par Gravelot et Marillier, v. éc. fil. tr. dor.

212. Tasse. Jérusalem délivrée, poëme du Tasse. Nouvelle traduction (par Le Brun). *Paris, Musier,* 1774. 2 vol. in-8, figures, mar. rouge, dos orné, fil. tr. dor.

> Jolie édition avec les figures de Gravelot.
> Bel exemplaire.

213. Thompson. Les Saisons, poëme traduit de l'anglois de Thompson. *Paris, Pissot et Nyon,* 1779. In-8, 1 frontispice, 4 figures et 4 culs-de-lampe par Eisen, demi-rel. avec coins, mar. rouge, tr. supér. dor.

214. Valerius Maximus. Valérii Maximi dictorum et factorum memorabilium libri novem. *Venetiis, in ædibus Aldi Romani, Octobri mense* 1502. Pet. in-8, caract. italiq. v. brun, comp. à froid, marque des Alde en or sur les plats, tr. dor.

> Piqûres de vers à la fin du volume.

215. Vecellio. Habiti antichi et moderni di tutto il mondo, di Cesare Vecellio; di nuouo accresciuti di molte figure. Vestitus antiquorum, recentiorumque totius orbis, per Sulstatium Gratilianum Sessapolensem latine declarati. *In Venetia, appresso i Sessa.* (In fine :) *In Venetia* m. d. xcviii, *appresso Gio. Bernardo Sessa.* In-8, fig. mar. rouge; comp. tr. dor. (*Lortic.*)

> Ce volume contient 56 ff. prélim. et 507 ff. avec une figure sur bois au verso de chacun.

216. Voltaire. La Henriade. *Londres,* 1728. In-4, figures,
v. éc. tr. marbr.

Édition originale sous ce titre, et en X chants, ornée de 10 grandes
figures de de Troy, Lemoine, Vleughels; vignettes et culs-de-lampe. On a
ajouté à cet exemplaire la suite des figures de l'édition de Kehl, 1789,
gravées d'après les dessins de Moreau; 16 figures in-4 et un portrait
d'Henri IV, par Pourbus, gravé par Tardieu.

217. Voltaire. La Pucelle d'Orléans, poème en 21 chants,
avec des notes, auquel on a joint plusieurs pièces qui y
ont rapport. *A Londres (Paris, Cazin),* 1780. 2 tomes en
1 vol. in-18, frontispice et vignettes en tête de chaque
chant, mar. bleu, dos orné, dent. tr. dor.

Édition ornée d'un joli frontispice et de charmantes petites vignettes par
Duplessi-Bertaux.

218. VOLTAIRE. Romans et Contes. *A Bouillon, aux dépens de la Société typographique,* 1778. 3 vol. in-8, portrait et figures, mar. rouge, dos orné, large dent. sur les
plats et int. tr. supér. dor. *(Bosquet).*

Très bel exemplaire, non rogné, orné des jolies figures de Monnet,
Martini et Moreau.
Ces figures sont avant les numéros.

ESTAMPES ANCIENNES

ALDEGRAVER ET BRUYN.

219. L'Intempérance (B. 132). — La Force (B. 133). — Couple de danseurs. Trois pièces.

AUDOUIN.

220. Portrait de M. *Necker*, ministre d'État et directeur général des finances. In-fol. Belle épreuve.

BERGHEM (NICOLAS).

221. La Vache qui pisse (B. 2). Épreuve avant l'adresse de de Witt.

BREUGHEL (d'après).

222. La Foi, l'Espérance, la Charité. Trois pièces publiées par Cock. Belles épreuves.

BRIOT (J.).

223. Les Mois de l'année, suite de douze pièces publiées par Th. de Leu (R. D. T. X, p. 214, n° 53, ne décrit qu'une pièce de cette suite). Très belles épreuves.

CALLOT (JACQUES).

224. Les Grandes Misères de la guerre, suite de dix-huit pièces (M. 564-581). Très belles épreuves du deuxième état, avant que les mots *Israël excudit* aient été enlevés, marges.

COLLAERT (A.).

225. Les Mois de l'année, suite de douze pièces d'après Hans Bol. Très belles épreuves.

DURER (ALBERT).

226. Adam et Ève (B. 1). Très belle épreuve sur papier à la tête de bœuf. Rare.

227. La Passion de Jésus-Christ, suite de 16 estampes (B. 3-18). Très belles épreuves.

228. La Face de Jésus-Christ, gravure à l'eau-forte sur fer (B. 26). Très belle épreuve.

229. La Vierge avec l'Enfant Jésus emmailloté (B. 38). Belle épreuve.

230. Saint Sébastien attaché à une colonne (B. 56). Belle épreuve.

231. Le Paysan et sa femme (B. 83). Belle épreuve.

FYT (J.).

232. Les Chiens. Suite de huit estampes (B. 9-16). Belles épreuves.

GHEYN (J. DE) ET DOLENDO.

233. La Passion de Notre-Seigneur Jésus-Christ. Suite de quatorze pièces, dont un frontispice, d'après K. Van Mander. Très belles épreuves.

HOLLAR (W.)

234. Portrait de Henry Van der Borcht. Deux portraits différents. In-8. Belles épreuves.

LEYDE (LUCAS DE).

235. Quatre des apôtres représentés debout (B. 92, 93, 96 et 98). Quatre pièces.

236. L'Espiègle. — Les Quatre Évangélistes. Cinq pièces, originaux et copies.

MOUZIN (M.)

237. Satyres et Bacchantes, Vénus couchée, la Danse des

petits satyres. Trois pièces d'après Bakker et C. Holstein. Belles épreuves.

OSTADE (ADRIEN VAN).

238. Son Œuvre, composé de 86 pièces gravées à l'eau-forte, dont un titre. Anciennes épreuves.

PENCZ (G.).

239. Médée remettant entre les mains de Jason ses dieux pénates pour gage de sa foi (B. 71). Belle épreuve.
240. La Rhétorique (B. 112). Très belle épreuve.

POTTER (PAUL).

241. Le Berger (B. 15). Belle épreuve.

242. La tête de Vache (copie du n° 16), en deux états différents, Étude de cheval, Bœufs et vaches. Suite de huit estampes faussement attribuées à Paul Potter. En tout onze pièces.

POUSSIN (d'après N.).

243. Numphes au bain, — Hercule prend conseil de l'oracle, — Orphée tué par les bacchantes. Trois pièces gravées par B. Picart, Pesne et Verins.

REMBRANDT (P. VAN RHYN).

244. Rembrandt dessinant (B. et cl., 22. — Ch. bl., 236). Belle épreuve.

245. Abraham recevant la visite des trois anges (B., 29. — Cl. 36, ch. B., 2.). Très belle épreuve.

246. Le Triomphe de Mardochée (B., 40. — Cl., 44. Ch. Bl., 12.). Très belle épreuve.

247. Jésus-Christ disputant avec les docteurs (B. 65). — L'Adoration des Bergers (B., 46). Deux pièces. Belles épreuves.

248. Jésus-Christ chassant les vendeurs hors du Temple (B., 69). Bonne épreuve.

249. La petite Résurrection de Lazare (B., 72). — Saint Jérôme (B., 102). Deux pièces. Belles épreuves.

250. Jésus-Christ en Croix (B., 80. — Cl. 85. — Ch. Bl., 55.). Belle épreuve.

251. Le Bon Samaritain (B., 90. — Cl., 94. — Ch. Bl., 41.). Très belle épreuve.

252. L'Étoile des Rois (B., 110). — La Fortune contraire (B., 111). Deux pièces. Belles épreuves.

253. Chasse aux lions (B., 115. — Cl., 117. — Ch. Bl., 87). Très belle épreuve.

254. Chasse aux lions (B., 116. — Cl. 118. — Ch. Bl., 88.). Très belle épreuve avant que le fond ait été nettoyé.

255. Le Petit Orfèvre (B., 123. — Cl., 125. — Ch. Bl., 84.). Bonne épreuve.

256. La Faiseuse de Koucks (B., 124. — Cl. 126. — Ch. Bl., 93). Bonne épreuve.

257. Le Maître d'école (B., 128). — Le Joueur de cartes (B., 136). — Gueux et Gueuse (B., 164). Trois pièces. Bonnes épreuves.

258. Le Paysan avec sa Femme et son Enfant (B., 131. — Cl., 132. — Ch. Bl., 120). Belle épreuve.

259. L'Abreuvoir (B., 231. — Cl., 228. — Ch. Bl., 334). Très belle épreuve.

260. Jean Lutma (B., 276. — Cl., 273. — Ch. Bl., 182). Belle épreuve.

261. Wtenbogardus, ministre hollandais (B., 279. — Cl., 276. — Ch. Bl., 190). Belle épreuve.

262. Utenbogaerd, dit le Peseur d'or (B., 281. — Cl. 278. — Ch. Bl., 189). Belle épreuve.

263. Vieille Femme assise (B., 344). — Vieille Femme coiffée à l'orientale (B., 348). Deux pièces.

264. Adam et Ève. — Le Moine dans le blé. — Joseph et la femme de Putiphar. — Le Lit à la française. Quatre pièces copies et originaux.

265. Sous ce numéro il sera vendu un lot d'Estampes ancienne, par Dorigny, Loli, C. Procaccino, Mantegna, École de Fontainebleau, etc.

ADOLPHE LABITTE

LIBRAIRE DE LA BIBLIOTHÈQUE NATIONALE

4, rue de Lille, Paris.

Beaufort. Dissertation sur l'incertitude des cinq premiers siècles de l'histoire romaine. In-8.... 3 fr.

Blancandin et l'Orgueilleuse d'amour, roman d'aventures. In-8.
Papier vergé............ 12 fr.
Papier de Hollande...... 20 fr.

Catalogue de J.-C. Brunet. 3 parties in-8. Chaque partie...... 2 fr. 50

— Cigongne. In-8. *Papier de Hollande*.................... 8 fr.

— des romans de chevalerie du prince d'Essling. In-8 gothique.... 2 fr.

— illustré de la Bibliothèque Ambroise Firmin-Didot. — Ventes de 1878 et 1879. 2 vol. in-4. Chaque volume............ 40 fr.

Choix de peintures de Pompéi, par Raoul-Rochette. In-fol., planches en couleur; en livraisons. 150 fr.
— En demi-rel. mar. r. 170 fr.

Ciceronis opera, ed. Orellius, 8 tom. en 10 forts volumes in-8... 60 fr.

Clef d'amour (la). Poème. In-8, fac-simile.................... 12 fr.

Collection de poésies, romans, chroniques, etc., publiée par *Silvestre*. 25 vol. in-16, *caract. gothiques, fig. sur bois*............ 120 fr.

Danse des noces (la), par Hans Scheufelein, reproduite par J. Schratt. In-fol. cart. toile. *Papier teinté*.................... 20 fr.

Desbarreaux-Bernard (le Dr). Catalogue des Incunables de la Bibliothèque de Toulouse. In-8, pl. 25 fr.

Deschamps. Essai bibliographique sur M.-T. Cicéron. In-8.... 4 fr.

Du Bellay (J.). La Deffence et illustration de la langue françoyse. In-8.................... 2 fr.

Duplessis. Bibliographie parémiologique. In-8.............. 10 fr.

Dussieux (L.). Les Artistes français à l'étranger. 3e édit. In-8, br.. 6 fr.

Garcin de Tassy. Histoire de la littérature hindouie et hindoustanie, deuxième édition, très-augmentée. 3 vol. in-8.............. 36 fr.

— Mémoire sur les particularités de la religion musulmane dans l'Inde (2e édition). In-8........ 2 fr. 50

Girart de Rossillon. Le Roman en vers, publié par Mignard. In-8.
Papier vélin............ 15 fr.
Papier de Hollande..... 20 fr.

Gravures sur bois tirées des livres français du xve siècle. In-4, 75 pl. dans un carton.......... 20 fr.

Guérard. Polyptyque de l'abbaye de Saint-Remi de Reims. In-4. 6 fr.

Harrisse. Notes pour servir à l'histoire, à la bibliographie et à la cartographie de la nouvelle France. In-8. *Grand papier de Holl.* 20 fr.

Horace. Odes traduites en vers avec le texte en regard, par Vanderbourg. 3 vol. in-8........ 5 fr.

— Odes, en vers, par Melchior Potier. In-12.............. 3 fr. 50

Labé (Louise). Œuvres. In-8. *Papier vélin Whatman*............ 20 fr.
Édition imprimée en caractères dits de civilité.

Labitte (Charles). Études littéraires. 2 vol. in-8.............. 7 fr.

— De la Démocratie chez les prédicateurs de la Ligue. In-8, br. 4 fr.

Laborde (Léon de). Débuts de l'imprimerie à Strasbourg. In-8, 3 planches...................... 6 fr.

— Le Parthénon. In-fol., fig. Six livraisons, seules publiées. 100 fr.

— Recherches sur la Magie égyptienne. In-4.............. 7 fr.

Tables des prix de vente et des noms d'auteurs des bibliothèques : BRUNET, POTIER, J. PICHON, RUGGIERI, Émile GAUTIER, LEBEUF DE MONTGERMONT, TURNER et AMBROISE FIRMIN-DIDOT. In-8, chaque .... 2 fr. 50

ADOLPHE LABITTE

LIBRAIRE DE LA BIBLIOTHÈQUE NATIONALE

4, rue de Lille, Paris.

Laborde (Léon de). Documents inédits sur Athènes. In-8, fig:.. 6 fr.

— Les Archives de France. In-12...................... 3 fr.

— Glossaire français du moyen âge. In-12.................... 4 fr.

Le Roux de Lincy. Notice sur Dom Jacques du Breul. In-8..... 2 fr.

— Recherches sur Jean Grolier. Gr. in-8 et atlas in-folio....... 15 fr.

Lescarbot. Histoire de la Nouvelle-France. Nouvelle édition. 3 vol. petit in-8, avec 4 cartes. *Exemplaire en grand papier de Hollande*..................... 36 fr.

Louville. Mémoires secrets sur la succession d'Espagne. 2 volumes in-8...................... 4 fr.

Lydus. Liber de Ostensis, gr. et lat. edidit Hase. In-8 .... 3 fr.

Margry. Les Navigations françaises. In-8. *Exemplaire en papier de Hollande*.................... 20 fr.

Meraugis de Portlesguez. Roman de la Table ronde, par Raoul de Houdenc. In-8, avec 19 gravures en bois, chaque page entourée d'un filet rouge. *Papier vélin Whatman* (format jésus)............ 30 fr.

Michelant (H.). Inventaire des vaisselles, joyaux... livres et manuscrits de Marguerite d'Autriche. 2 brochures in-8............ 6 fr.

Orléans (Charles d'). Poésies, publiées par Champollion-Figeac. In-8. *Exemplaire en grand papier*...................... 6 fr.

Pauthier (G.). Les Iles ioniennes. In-8, br...................... 2 fr.

Poésies gasconnes. Nouvelle édition, publiée par M. Taillade. Paris, 2 vol. in-8. *Exemplaire en grand papier vergé de Hollande*.. 20 fr.

Rondeaux d'amour (Cent cinq). In-8................... 20 fr.

Rossignol. Les Métaux dans l'antiquité. In-8.................. 5 fr.

Rossignol. Des services que peut rendre l'archéologie aux études classiques. In-8, br........ 10 fr.

Ruble (A. de). Le Mariage de Jeanne D'Albret. In-8, portrait.. 7 fr. 50

— *Papier vélin*............ 12 fr.

Sagard. Histoire du Canada. 4 vol. in-8, br. *Exemplaire en grand papier de Hollande*.......... 48 fr.

— Le Grand Voyage du pays des Hurons. 2 vol. in-8. *Exemplaire en grand papier de Hollande*. 24 fr.

Saint-Allais. Nobiliaire universel de France. 20 tomes en 40 volumes in-8...................... 100 fr.

Saint-Martin. Nouvelles Recherches sur la mort d'Alexandre. In-8, pap. vél.................. 2 fr.

Sieurin (J.). Manuel de l'amateur d'illustrations. In-8........ 12 fr.

— *Grand papier de Holl.* 24 fr.

Silvestre. Marques typographiques des libraires et imprimeurs français. 2 vol. in-8.............. 64 fr.

Treitzsaurwein. Der Weiss Kunig. In-fol. br. 8 pl............. 15 fr.

Typus mundi in quo ejus calamitates necnon divini humanique amori antipathia olim proposita a R. R. C. S. I. A. *Dilingæ, Bencart*, 1697. In-12, br. figures.......... 10 fr.

Vathek. Conte oriental (par Beckford)...................... 20 fr.

Viator. De Artificiali Perspectiva. 2 parties in-fol. goth...... 25 fr.

www.ingramcontent.com/pod-product-compliance
Ingram Content Group UK Ltd.
Pitfield, Milton Keynes, MK11 3LW, UK
UKHW020033080726
13614UKWH00004B/1724